LE POKER

Les règles - comment jouer - comment gagner

E. Fantini

LE POKER

Les règles - comment jouer -
comment gagner

DE VECCHI POCHE
20, rue de la Trémoille
75008 PARIS

Traduction de Jacqueline Sieger

© 1987 Editions De Vecchi S.A. - Paris

Imprimé en Italie

Préface

Le poker (du mot anglais *poker*, qui signifie "tisonnier") n'est ni un jeu de société, ni un jeu collectif. Dès qu'il s'est assis autour du champ clos de la table et du tapis, le joueur ne doit plus compter que sur lui-même, sur sa propre expérience ou, s'il y croit, sur les dieux de la chance ou du hasard.

Au poker, tout se passe à l'intérieur de la conscience des joueurs. On doit parler le moins possible, éviter de faire des remarques ou des commentaires à haute voix, ce qui ne signifie pas qu'on n'ait point le droit de détendre une atmosphère trop tendue par une plaisanterie de bon goût.

Pour pouvoir "tenir la distance" d'une partie, étant donné la tension et l'attention extrêmes que l'exercice du jeu requiert, il faut non seulement savoir maîtriser ses réactions de joie quand on a gagné mais aussi avoir l'âme stoïque et rester, extérieurement du moins, parfaitement neutre et impassible quand on a perdu sur un coup important.

Bien évidemment, il n'y a pas de poker sans bluff. Qu'est-ce que le bluff, appliqué au poker? C'est l'art de faire croire à vos adversaires que votre jeu est supérieur à celui que vous avez en réalité. Et plus la probabilité de ce "jeu fictif" que vous feignez d'avoir en main apparaîtra crédible aux yeux de vos vis-à-vis, plus vous aurez de chances de les abuser et de les vaincre.

Bluffer, c'est aussi et surtout prendre des risques et risquer de perdre, non seulement votre argent (ce qui reste un moindre mal) mais aussi votre confiance en vous-même. Certains hommes, surtout ceux qui se font d'eux-mêmes une trop haute opinion, supportent mal l'humiliation de la défaite.

Avant de vous asseoir à une table, n'oubliez jamais qu'une épée de Damoclès est suspendue au-dessus de votre tête: sa lame et son tranchant effilé peuvent, en un instant, décapiter toutes vos espérances du début de partie. Attention! Dès que vous vous serez assis à la table, vous danserez sur un volcan!

Ce qui nous amène à vous dire ceci, qui veut être un conseil de prudence: il faut savoir quitter la table à temps. Si vous perdez trop, et trop souvent, n'insistez pas. Demain est un autre jour, et vos partenaires de table ne vous tiendront pas rigueur de ce que vous preniez congé d'eux. C'est d'ailleurs le droit des perdants que de pouvoir se retirer avant l'heure sans que nul y trouve à redire.

Par contre, si vous êtes en veine et bien servi par la providence des cartes, abstenez-vous de partir et de vous éclipser trop tôt, sous peine de vous voir reprocher ce manque d'élégance ou cette preuve d'avarice par des compagnons moins chanceux que vous.

Enfin, le poker doit rester un divertissement. De nos jours, l'individu a de plus en plus besoin de se divertir, c'est-à-dire de penser à autre chose qu'à son travail et à ses obligations. Le jeu n'est pas interdit par la loi, et n'éprouvez aucun remords à profiter de vos loisirs.

Oui, jouer au poker, c'est se divertir avant tout. Car, n'oubliez pas ce que Pascal écrit dans les *Pensées*: "Un roi sans divertissement est un homme plein de misère".

Maintenant que tout est dit et que les jeux sont faits, commençons par en apprendre les règles les plus élémentaires.

Exposition des règles du jeu

Historique

Quoiqu'il soit difficile de situer ses origines géographiques et de préciser son apparition dans le temps, il semble que le poker soit né en Perse (Iran), au XIVᵉ siècle. Ceci nous permet de vous rappeler que vous devez vous méfier des joueurs iraniens et orientaux en général: en jouant contre eux, vous avez plus de chances de perdre que de gagner (ne voyez aucun accès de xénophobie dans cette assertion: c'est un fait confirmé par les statistiques).

Les historiens des cartes supposent que le poker trouve un ancêtre éloigné dans le *pochen*, jeu pratiqué en Allemagne au cours du XVIIᵉ siècle.

Cependant, c'est seulement à partir de la deuxième moitié du XIXᵉ siècle (aux environs de 1858), dans le Sud des Etats-Unis, que le poker commença à être vraiment joué dans sa forme actuelle.

Pour certains Américains (*professional gamblers*), la pratique du poker constituait pour ainsi dire un métier dont ils tiraient des revenus substantiels. Mais ce genre de profession impliquait certains risques, notamment la prison, la bagarre à coups de poing, voire la mort par balle, la ruine ou le suicide. De nos jours encore, dans la société américaine contemporaine, un certain nombre d'individus continuent à gagner leur vie au poker. C'est d'ailleurs le thème d'un excellent film consacré au poker, et intitulé: *Le Kid de Cincinnati*, que nous vous conseillons d'aller voir à l'écran.

Le poker américain fut importé en Europe occidentale, via l'Angleterre, par un ambassadeur des Etats-Unis accrédité auprès de Sa Majesté britannique la reine Victoria.

Règlement officiel et conventions particulières

Il existe un règlement officiel du poker. Mais, et c'est là l'intérêt de ce jeu, rien ne vous oblige à suivre ses prescriptions à la lettre, pourvu que vous en respectiez l'esprit. Ainsi, vous êtes parfaitement en droit d'adopter des conventions particulières qui dérogent au règlement.

Notamment, lorsque vous vous joignez à un cercle de joueurs qui jouent selon des règles particulières, demandez, avant d'entrer dans le jeu et de commencer une partie, qu'on vous explique les conventions en usage dans ce cercle afin de ne pas être pris de court.

Avant d'aller plus loin, peut-être pourriez-vous prendre connaissance du *Règlement* dont nous reproduisons les articles en fin de livre. Cette première lecture pourra vous aider à vous familiariser avec les notions techniques que nous allons aborder maintenant.

Explication de la cave

La cave est une unité monétaire. Elle possède un avantage évident sur les unités monétaires du monde financier: elle ne flotte pas. En effet, une cave est la somme minimale que le joueur devra engager pour participer à une partie de poker.

Suivant les possibilités financières des joueurs, la cave sera fixée à 1 F, 10 F, 100 F, 1 000 F ou plus. Les joueurs se "caveront", c'est-à-dire qu'ils recevront l'équivalent de la valeur d'une cave en jetons. Sauf accord préalable ou unanime, les joueurs ne peuvent se caver qu'au début de la partie ou entre chaque tour. A leur convenance, les joueurs "décavés" (l'expression est passée dans le langage courant) pourront redemander une ou plusieurs caves qui seront inscrites à leur débit.

L'intérêt du système est évident. D'abord le poker est, comme le rugby, un jeu de voyous pratiqué, on l'espère, par des gentlemen. Dès lors, il est préférable de jouer des jetons que de l'argent... même si on doit faire des comptes d'épicier en fin de partie.

Par ailleurs la présence des jetons, en lieu et place d'espèces sonnantes, donne un caractère plus "neutre" au jeu et permet d'éliminer l'émotivité qui se manifeste bien souvent lorsqu'une somme d'argent liquide se trouve sur une table.

Enfin, la cave permet l'égalité financière entre les joueurs. A ce titre, la fixation de la cave est importante. En premier lieu, un joueur moins riche que les autres se doit de la fixer à un niveau assez bas pour se recaver sans problèmes. Une des règles non écrites du poker étant (en deçà d'une certaine limite qu'on se fixe à l'avance) de jouer comme si l'on avait l'empire des Rockefeller derrière soi.

La cave est une mesure égalitaire car elle marque la limite maximale de la relance. Il serait facile, et cela fausserait la partie, à un joueur plus riche que les autres d''"assommer" ses partenaires en lançant sur le tapis des sommes disproportionnées à leurs moyens réels ("arrosage à l'américaine"). Les règles relatives à la cave sont donc essentielles au jeu de poker. Elles contribuent à en faire un champ clos nivelant les composantes sociales des individus et permettent un duel égal.

Valeur des cartes

Conformément à l'ordre de valeur des cartes, l'As est plus fort que le Roi, le Roi plus fort que la Dame, la Dame plus forte que le Valet, le 10 plus fort que le 9 et ainsi de suite jusqu'au 7 (dans le poker à 32 cartes) et jusqu'au 2 (dans le poker à 52 cartes) qui représentent les valeurs les plus faibles. Quand deux adversaires ont des cartes de valeur égale, c'est-à-dire le même jeu en mains, c'est la hiérarchie des couleurs qui désignera le gagnant.

Hiérarchie des couleurs

Selon la règle générale, la couleur à Cœur l'emporte sur la couleur à Carreau; la couleur à Carreau l'emportant sur la couleur à Trèfle et celle-ci l'emportant sur la couleur à Pique. Récapitulons: la hiérarchie des couleurs est la suivante:

1e : Cœur
2e : Carreau
3e : Trèfle
4e : Pique

Rappelez-vous que, dans l'ordre des couleurs, les couleurs rouges (Cœur et Carreau) priment sur les noires (Trèfle et Pique). En quelque sorte, et sans vouloir faire une digression sur la symbolique des cartes, vous constatez que les couleurs claires sont plus cotées que les couleurs sombres par la règle du jeu.

Ainsi, le Cœur, placé au premier rang des couleurs et symbole du Bien, prévaut sur le Pique, dernier rang des couleurs et symbole du Mal.

Si vous voulez vous rappeler la hiérarchie officielle des couleurs, indiquée plus haut: Cœur, Carreau, Trèfle et Pique, nous vous proposons les formules mnémotechniques suivantes:

— soit *CCTP* (pour Cœur, Carreau, Trèfle et Pique);
— soit "Rouges" plus forts que "Noirs";
— soit cette formule abracadabrante: CO - CA - TRE - PI (premières syllabes de chaque couleur), ou ce qui est peut-être plus parlant: *Cocatrépi.*

Vous allez penser que nous insistons, mais ce livre veut être avant tout un manuel pratique. Il veut vous rendre service. Ce n'est pas une théorie du poker mais une initiation pratique à ce jeu. Il s'adresse aux débutants que nous avons tous été, aux néophytes.

Enfin, à certaines tables ou dans certains cercles, les participants peuvent décider de choisir et de respecter une autre hiérarchie des couleurs. Il s'agit d'une convention particulière qui déroge à la règle générale.

Quand deux joueurs ont en mains une combinaison identique (par exemple, ils possèdent une paire de Rois), c'est celui des deux qui aura le Roi de Cœur qui gagnera les mises déposées sur la table.

Hiérarchie des combinaisons

Indépendamment des qualités d'audace (savoir bluffer notamment) et de sang-froid qui doivent être les siennes, la principale force d'un joueur de poker consiste à savoir grouper les cartes entre elles en vue de réaliser la meilleure combinaison possible.

Toute combinaison est battue par celle qui lui est immédiatement supérieure, dans l'ordre suivant:

1. *Une carte*: ce n'est pas une combinaison, mais elle entre dans la hiérarchie. Par exemple, l'As bat le Roi, la Dame bat le Valet, le 10 bat le 9, etc.

2. *Paire*: combinaison formée soit par un couple de figures identiques (deux Valets), soit par un couple de chiffres de

11

même valeur (deux 9). Par exemple, deux As formeront une Paire d'As.

3. *Deux paires*: combinaison formée par deux couples de figures ou de chiffres. Par exemple, deux Valets et deux 10, ou deux 9 et deux Rois. Ainsi, quand on a en mains deux As et deux 7, on est en possession de Deux paires aux As. Quant à la terminologie, on peut dire "Deux paires", ou "Double paire".

4. *Brelan*: combinaison formée soit par trois figures identiques (trois As, trois Valets), soit par trois chiffres de même valeur (trois 7, trois 10). Par exemple trois As constituent un Brelan d'As.

5. *Suite*: combinaison formée par cinq cartes qui se suivent selon un ordre croissant, mais sans être de même couleur. Par exemple, un 8 de Pique, un 9 de Carreau, un 10 de Trèflè, un Valet de Cœur et une Dame de Trèfle constituent une Suite à la Dame. La Suite est aussi appelé "Quinte" ou, plus rarement, "Séquence".

6. *Full*: combinaison formée par l'alliance d'un Brelan et d'une Paire. Par exemple trois Rois et deux 10 constituent un Full aux Rois.

7. *Couleur*: combinaison formée par cinq cartes qui sont toutes de la même couleur mais qui ne se suivent pas. Par exemple un 7 de Cœur, un 10 de Cœur, une Dame de Cœur, un Roi de Cœur, et un As de Cœur.

8. *Carré*: combinaison formée par quatre cartes de même valeur. Par exemple, quatre As (Carré d'As), quatre Rois (Carré de Rois), quatre 10 (Carré de 10), etc. Le Carré est aussi appelé "Poker".

9. *Quinte floche*: combinaison formée par cinq cartes de même couleur qui se suivent. Par exemple, un 7, un 8, un 9, un 10 et un Valet de Cœur (Quinte floche à Cœur). La Quinte floche est aussi appelée "Suite royale", "Quinte couleur" ou "Séquence couleur".

En vertu de cette hiérarchie des combinaisons la simple carte est battue par la Paire; la Paire est battue par la Double paire; la Double paire est battue par le Brelan et ainsi de suite, jusqu'au Carré qui est battu par la Quinte floche.

Analyse des combinaisons

Analyse des combinaisons

Nous savons que la hiérarchie des combinaisons du poker est la suivante:
1. *Une carte.*
2. *Une Paire.*
3. *Double paire.*
4. *Brelan.*
5. *Suite.*
6. *Full.*
7. *Couleur.*
8. *Carré.*
9. *Quinte floche.*
Reprenons chacune de ces combinaisons en détail.

Une carte

Ce n'est pas une combinaison, mais elle a son mot à dire dans la hiérarchie des points. Après l'écart, il pourra arriver que les deux adversaires n'aient aucune combinaison dans leur jeu. Dans ce cas, celui qui aura la carte la plus haute l'emportera. Par exemple, le Roi de l'un battra la Dame de l'autre. Mais s'il arrivait, chose rarissime, que les deux joueurs aient exactement les mêmes cartes en mains, c'est la couleur de la carte la plus forte qui les départagerait.

Par exemple, en vertu de la hiérarchie des couleurs (souvenez-vous de notre formule: *Cocatrépi*), le Roi de Cœur battra le Roi de Trèfle.

Une Paire

C'est la combinaison la plus faible du jeu. Après l'écart, s'il arrive que deux joueurs aient une Paire à la même hauteur (chacun a une Paire de 10 par exemple), c'est la plus haute carte parmi celles qui restent qui fera la différence. Par exemple: le joueur A a une Paire de 10, un Roi, un 7 et un 8. Le joueur B a une Paire de 10, un As, un 8 et un 9. C'est donc B qui gagne, puisqu'il a un As en troisième position.

Double paire

Combinaison assez moyenne. En temps normal, la possession d'une Double paire est un point honorable. Mais c'est aussi une main dangereuse car elle est contrée par le Brelan. Quand deux joueurs ont chacun deux Paires, le gagnant est celui qui a la Paire la plus haute.
Par exemple, si vous avez:

c'est-à-dire deux Paires aux As (deux As et deux 10), vous serez plus fort que celui qui a:

16

c'est-à-dire deux Paires aux Reines (deux Reines et deux 8).
Lorsque deux adversaires ont chacun une Paire "majeure"
de même hauteur, c'est la hauteur de la Paire "mineure" qui
les départagera.
Par exemple, si vous avez:

c'est-à-dire une Double paire aux Valets (Paire majeure) et
aux 9 (Paire mineure), vous serez battu par:

c'est-à-dire une Double paire aux Valets et aux 10.
Au cas où (mais c'est très rare) deux adversaires posséde-
raient chacun une Double paire à la même hauteur (par exem-

ple, ils ont chacun une Double paire aux Rois et aux 8), c'est la valeur de leur cinquième carte qui les départagera.

Enfin, en cas d'identité absolue, c'est le rang de la couleur de la dernière carte qui fera la différence.

Ainsi, vous gagnerez le point en ayant:

contre un adversaire qui a:

Brelan

C'est une bonne combinaison. Si les dieux du jeu vous sont favorables, voici ce qu'ils vous destinent:

18

Vous avez un Brelan d'As. En vertu de la valeur des cartes, le Brelan d'As l'emporte sur tous les autres Brelans. Mais il est dangereux de se laisser griser par la possession d'un Brelan d'As. En effet, vous pouvez être battu par une petite Suite.

Suite

C'est une combinaison très appréciable. Mais tout dépend de sa hauteur. Ainsi, une Suite au Roi est battue par la Suite à l'As. Inversement, une Suite au 9 est battue par une Suite à la Dame, etc.
Si vous avez par exemple:

vous possédez une Suite au Valet.
Mais si vous avez:

vous êtes en possession d'une Suite à l'As (on l'appelle aussi "Suite majeure").
La Suite à l'As est la reine des Suites. Elle l'emporte sur

19

toutes les autres (Suite au Roi, Suite à la Dame, etc.). Mais rappelez-vous que la Suite est battue par le Full. Sur un coup, un affrontement entre une Suite et un Full peut très mal se finir.

D'autre part, si vous adoptez les conventions du *poker américain*, n'oubliez pas que l'As peut remplacer indifféremment la première (la moins forte) et la dernière (la plus forte) carte d'une Suite.

Ainsi, dans un poker à 52 cartes, si vous jouez selon les règles du *poker américain*, vous pourrez avoir la Suite indiquée ci-dessous:

C'est une Suite mineure: 5 (remplacé par l'As de Carreau), 6, 7, 8 et 9.

Full

Avec le Full (de l'anglais *full-in-hand*, qui veut dire "main pleine" ou "main bien remplie"), nous entrons dans la catégorie des super-combinaisons. Rappelons que le Full est constitué par un Brelan et une Paire. On identifie un Full en indiquant sa plus forte hauteur, c'est-à-dire celle du Brelan qui le compose. Par exemple, si vous avez trois Valets et deux 10, vous possédez un Full aux Valets (on dit aussi: Full "par" les Valets). Le Full aux As bat tous les autres Fulls.

Couleur

C'est une combinaison extrêmement forte. Ici, l'ordre des cartes ne compte pas, ni leur hauteur. Ce qui est suffisant, c'est que vos cinq cartes soient toutes de la même couleur. Par exemple, si vous avez un As, un Valet, un 10, un 7 et un 6 qui sont tous à Carreau (voyez la figure ci-dessous)

vous êtes le riche propriétaire d'une Couleur à l'As de Carreau.

Quand deux joueurs ont chacun une Couleur en mains, c'est celui qui possède la Couleur hiérarchiquement la plus forte qui gagne le coup. Par exemple, une Couleur au Roi est plus forte qu'une Couleur au 10, en vertu de la valeur des cartes. Mais si les deux antagonistes ont chacun une Couleur de même hauteur (toutes deux sont au Roi, par exemple), c'est la hiérarchie des couleurs qui les départagera. Ainsi, si vous avez une Couleur à l'As de Carreau (voir figure indiquée ci-dessus), vous serez plus fort que:

Mais vous serez battu par:

une Couleur à l'As de Cœur (le Cœur dominant le Carreau).
A certaines tables et dans certains cercles de "pokérophi-
les", on donne plus de valeur à la couleur qu'à la hauteur
des cartes. C'est une des dérogations les plus notables à la
règle généralement admise.
Par exemple, deux adversaires, disons A et B, ont chacun
une Couleur en mains. Le joueur A possède une Couleur
au Roi. Le joueur B possède une Couleur au Valet. A priori,
et selon la règle générale, la Couleur de A est plus forte que
celle de B, parce qu'elle a la plus grande hauteur: le Roi
bat le Valet.
Mais, en fait, le joueur A possède un Roi de Pique alors
que B possède un Valet de Cœur. En vertu de la hiérarchie
des Couleurs, et si on applique cette règle dérogatoire, c'est
la Couleur au Valet qui battra la Couleur au Roi.
Malgré sa force, ne vous laissez pas griser par la possession
d'une belle Couleur (au poker, une Couleur est toujours
belle à contempler dans son jeu). N'oubliez pas que la Couleur, malheureusement pour elle, est battue par le Carré. Votre vigilance doit surtout être sur ses gardes quand vous
jouez à deux avec 32 cartes. Le nombre des joueurs étant
réduit au minimum (deux personnes), les combinaisons les
plus fortes ont plus de chances d'entrer dans le jeu.
En vertu du calcul des probabilités, plus vous serez nom-

breux à jouer et moins votre Couleur risquera d'être contrée par un Carré. Cependant, avant de surenchérir ou de relancer après l'écart, tenez compte de cette "tragique" éventualité.

Carré

C'est une combinaison quasiment imbattable. Quand vous avez reçu quatre Valets, par exemple, vous possédez un Carré de Valets. Le Carré d'As est le plus fort des Carrés. De plus, rappelez-vous que, avec seulement un Carré de 7 en mains, vous battez le Brelan, la Suite, le Full et la Couleur (ce qui n'est pas rien!).

En vertu de la valeur des cartes, le Carré de Valets est plus fort que le Carré de 9, par exemple. Mais n'allez pas oublier que le Carré peut lui-même être battu par la sublime Quinte floche.

Quinte floche

Sommet de la hiérarchie des combinaisons, mais rarissime et d'autant plus splendide qu'elle bat toutes les autres, la Quinte floche, qu'on appelle aussi "Suite royale" ou "Suite princière", a le dernier mot au poker.

Qu'est-ce que la Quinte floche? C'est, en fait, une Suite dont toutes les cartes sont de la même Couleur (bien sûr, vous le savez déjà, mais un manuel pratique ne doit pas craindre de se répéter, sinon on n'en retient pas grand-chose).

Quand vous avez eu l'insigne privilège, la formidable chance de recevoir un 10, un Valet, une Dame, un Roi et un As qui sont tous à Cœur, vous avez une Quinte floche à l'As de Cœur, et vous êtes comblé! Mais n'allez pas le crier sur les toits pour autant, surtout quand vous avez "accroché" plusieurs adversaires à la relance.

Série d'exemples pratiques

Maintenant que nous venons d'analyser les combinaisons, nous voudrions vous proposer une série d'exemples pratiques susceptibles de vous aider à vous familiariser avec le poker.

1. Par exemple, si vous recevez:

vous n'avez qu'un Roi (une carte). Et vous serez battu par un As.

2. Si vous recevez:

vous avez une Paire de Dames. Et vous serez battu par une Paire de Rois.

3. Si vous recevez:

vous avez une Double paire aux 10 et aux 9 (pour faire plus court, on dit: deux Paires aux 10). Et vous serez battu par deux Paires aux Valets.

4. Si vous recevez:

vous avez un Brelan de 6. Et vous serez battu par un Brelan de 7.

5. Si vous recevez:

vous avez une Suite au Valet. Et vous serez battu par une Suite à la Dame dont nous reproduisons la combinaison ci-après:

6. Si vous recevez:

vous avez un Full par les 9. Et vous serez battu par un Full aux 10 que nous reproduisons ci-dessous:

Remarquez que ce même Full est, en fait, constitué par un Brelan de 10 et une Paire de 7.

7. Si vous recevez:

vous avez une Couleur à l'As de Pique. Et vous serez battu par une Couleur à l'As de Cœur.

8. Si vous recevez:

vous avez un Carré de 7. Et vous serez battu par un Carré de 8.

9. Enfin (et nous arrivons à la combinaison la plus forte), si vous recevez:

vous avez une Quinte floche à l'As de Cœur. Rappelez-vous que la Quinte floche à l'As de Cœur ne peut être battue par aucune autre combinaison. C'est la plus haute combinaison de tout le jeu.

Amélioration des combinaisons

Quand vous avez reçu vos cinq premières cartes, après avoir préalablement blindé, les combinaisons que vous recevez sont souvent soit incomplètes, soit de faible hauteur. Et même, il arrive que vous n'ayez pas de combinaison du tout mais seulement cinq cartes indépendantes et isolées qui ne représentent rien.

C'est à ce moment-là, au moment de l'écart, que vous devez essayer soit de faire une combinaison (si vous avez cinq cartes isolées), soit d'améliorer la hauteur d'une combinaison que vous avez déjà en mains. Ainsi, mieux vous saurez écarter vos mauvaises cartes, plus vous aurez de chances d'améliorer votre jeu.

Rappelez-vous ceci: tout dépend de l'écart, c'est-à-dire du nombre de cartes nouvelles que vous demandez au donneur en remplacement des mauvaises cartes que vous désirez écarter.

Rappelez-vous aussi cette évidence mathématique: vous recevez un nombre de cartes exactement égal au nombre des cartes que vous rejetez en les écartant. Par exemple, si vous décidez d'écarter une carte, vous en recevrez une nouvelle; si vous en écartez deux, vous en recevrez deux nouvelles, et ainsi de suite.

Dans ce qui suit, nous vous proposons cinq cas d'amélioration du jeu que vous avez reçu.

1. Supposons que vous ayez reçu, en première main, un As de Cœur et quatre Carreaux (le 7, le 10, la Dame et le Roi de Carreau par exemple).
   Objectivement, vous avez intérêt à remplacer votre As par une carte nouvelle. Pourquoi? Parce que votre trois-quarts de main tout à Carreau vous donne une possibilité de Couleur (Couleur à Carreau).

2. Supposons que vous ayez reçu deux 10, deux Valets et un 7. Objectivement, vous avez intérêt à remplacer votre 7 par une carte nouvelle. Pourquoi? Parce que votre Double paire aux Valets (Paire de 10 et Paire de Valets) vous donne une possibilité de Full.

3. Supposons que vous ayez reçu trois Rois, un 7 et un 9.
   En fait, vous avez trois possibilités d'améliorer votre jeu:
   — soit vous remplacez votre 7 par une carte nouvelle, en
     escomptant obtenir un Full aux Rois (Brelan de Rois
     et Paire de 9);
   — soit vous remplacez votre 9 par une carte nouvelle, en
     espérant obtenir un Full aux Rois (Brelan de Rois et
     Paire de 7);
   — soit vous écartez votre 7 et votre 9, en vue de trans-
     former votre Brelan en Carré (Carré de Rois).
4. Supposons que vous ayez reçu un 7, un 8, un 9, un 10 et
   une Dame. Concrètement, vous avez une possibilité de
   Suite (7, 8, 9, 10 servis). Donc, vous écarterez la Dame
   tant pis pour elle!) en espérant qu'il vous "montera" un
   Valet, ceci afin de transformer votre quasi-combinaison
   actuelle en Suite au Valet.
5. Supposons enfin que vous receviez une main décousue,
   c'est-à-dire cinq cartes isolées qui ne forment aucune combinaison entre elles.
   Par exemple, vous avez un As, une Dame, un 10, un 8
   et un 7. Dans ce cas, vous ne pouvez escompter aucune
   possibilité d'amélioration objective. Donc, tout est permis: tentez le coup!
   Soit que vous écartiez quatre cartes (maximum écartable)
   et que vous conserviez seulement l'As (carte la plus forte).
   Soit que vous gardiez l'As et la Dame (cartes les plus fortes), en vue de les améliorer par une Double paire aux
   As (Paire d'As et paire de Dames).
   Soit encore, mais c'est risqué (mais au poker, qui ne risque rien n'a rien: *fortuna adjuvit fortes!*, ce qui veut dire: la fortune sourit aux audacieux!), que vous conserviez
   le 7, le 8 et le 10 en escomptant transformer cette possibilité de Suite en Suite au Valet.
   Comment cela, nous direz-vous? Parce que si vous rece-

vez un 9 et un Valet (après avoir écarté l'As et la Dame), vous aurez alors un 7, un 8, un 9, un 10 et un Valet: donc, une Suite au Valet.

Faut-il améliorer systématiquement vos cinq premières cartes, c'est-à-dire faire l'écart? Tout dépend de vos réserves financières, de votre moral ou de votre possibilité objective d'amélioration. Parfois, et même si vous avez blindé, il vaut mieux vous retirer du coup avant l'écart plutôt que de vous obstiner à vouloir transformer à tout prix une mauvaise main qui, a priori, a peu de chance de s'améliorer après l'écart (à moins, bien entendu, que vous n'ayez la "baraka").

Par exemple, si vous recevez une main dépareillée et décousue (un As, une Dame, un 10, un 8 et un 7: voir le cas d'amélioration n° 5 précité) dans un moment où vous êtes au creux de la vague (vous ne "sentez" pas le jeu) ou si, jusqu'ici, vous avez perdu plusieurs coups de suite, il vaut mieux "décrocher" et renoncer à entrer dans le coup plutôt que de tenter d'améliorer à l'aveuglette ou en naviguant à l'estime. Au poker, surtout dans les moments de dépression, sachez réserver l'avenir: il vaut mieux rester à la table en gagnant peu mais en maintenant ses réserves (c'est-à-dire l'actif de votre cave) plutôt que de risquer gros sur une main a priori difficilement améliorable.

Revoyez l'exemple du cas d'amélioration n° 1 précité (un As et quatre Carreaux servis) et réfléchissez sur les chances d'amélioration objectives que vous pouvez espérer (une Couleur à Carreau). Eh bien!, ce type de transformation possible présente des dangers certains, même si elle est risquable. En effet, si le cinquième Carreau qui vous manque pour faire la Couleur ne "monte" pas après l'écart, vous ne serez pas à la hauteur de votre adversaire et vous perdrez à coup sûr, puisque vous pouvez être battu par une petite Paire de rien du tout.

Approfondissons ce cas d'amélioration. Vous avez donc en

mains un As de Cœur et quatre Carreaux (le 7, le 10, la Dame et le Roi de Carreau). Comme vous cherchez la Couleur (tête en avant), vous écartez votre As de Cœur. Or, vous recevez un As de Trèfle.

Après l'écart, vous avez donc en mains quatre Carreaux dépareillés et un As de Trèfle: c'est-à-dire rien. Donc, vous serez battu par une simple Paire de 7.

En résumé, rappelez-vous ces simples conseils pratiques.

1. Réfléchissez bien avant de tenter une amélioration au moment de l'écart.

2. Ne vous entêtez pas à demander des cartes si votre main est difficilement transformable. Dans ce cas, passez l'éponge et attendez d'avoir une meilleure main servie aux tours suivants. N'oubliez pas que le jeu tourne, comme la chance, et que la "baraka" peut revenir.

3. Améliorez à coup sûr, quand vous avez au minimum une Paire en mains, ce qui vous donne une possibilité de Brelan en écartant trois cartes (donc trois chances de transformer votre Paire en Brelan après l'écart).

4. En général, (mais vous n'êtes pas obligé de suivre systématiquement notre conseil), quand vous avez reçu quatre cartes qui se suivent (un 7, un 8, un 9 et un 10 par exemple: possibilité de Suite au Valet), écartez la mauvaise carte en vue de faire une Suite.

Evidemment, vous n'avez pas besoin d'améliorer votre jeu à l'écart si vous êtes servi.

Exemple: vous avez reçu trois Valets et deux 8 d'entrée: donc, vous êtes nanti d'un beau full aux Valets servi. Dans ce cas, vous dites: "Servi!" au donneur, et vous n'écartez aucune carte.

Exemple d'amélioration d'une Double paire

Supposons que vous ayez reçu les cinq cartes suivantes:

Vous avez une Double paire aux As et aux Dames (pour faire plus court, on dit: deux Paires aux As).

Objectivement, vous avez intérêt à écarter le 7 de Trèfle si vous voulez transformer votre Double paire en:

Full par les As (la chance vous a souri et l'As de Pique est entré dans votre jeu). Bravo!

Ecart

Nous verrons plus loin la théorie de l'écart, mais il est nécessaire d'en dire un mot (afin de vous familiariser avec cette notion) dès maintenant. Après la donne de première main, chaque joueur a cinq cartes. Mais, en vue de réaliser telle ou telle combinaison, chacun d'eux va demander d'autres cartes et rejeter (écarter) par conséquent celles qu'il ne désire pas garder. Ce moment du jeu, c'est l'écart.

Prenons un exemple. *A* reçoit une Paire de Rois servie en

première main. De toute évidence (selon une hypothèse classique), il a intérêt à transformer sa Paire de Rois en Brelan de Rois.

Pour atteindre cet objectif, quand le donneur lui dira: "Cartes?" (sous-entendu: "Combien de cartes voulez-vous?"), A écartera trois cartes sur les cinq qu'il a reçues, les deux cartes conservées par lui étant sa Paire de Rois.

Lors de l'écart, le donneur donne à chaque joueur, et en une seule fois, le nombre de cartes demandé par chacun d'eux. En France, notamment, il est convenu qu'on ne puisse écarter plus de quatre cartes. Quand un joueur lui a demandé quatre cartes, le donneur ne lui en sert que trois pour commencer, sert les autres joueurs, se sert lui-même, puis donne la quatrième carte (à celui qui lui a demandé quatre cartes) en dernier lieu.

Tirage des places

En règle générale, l'un des joueurs (tireur au sort) tire dans le paquet autant de cartes qu'il y a de participants au jeu (trois cartes, si on joue à trois par exemple). Les autres joueurs choisissent une carte parmi celles que celui-ci leur tend (sans la voir, bien sûr).

Puis chacun découvre sa carte sur la table. Celui qui a tiré la plus forte carte choisit, le premier, sa place autour de la table. Le tireur de la carte intermédiaire s'assoit à la gauche (ou à la droite) du premier assis. Puis celui qui a sorti la moins bonne carte, s'assoit à la gauche (ou à la droite) du second assis.

En règle générale, le donneur distribue les cartes de gauche à droite: sens sinistrogyre. Mais, en France notamment, on distribue les cartes de droite à gauche: sens dextrogyre.

Quoi qu'il en soit, on peut convenir de donner de gauche à

droite ou de droite à gauche, ceci dépendant du sens de la donne adopté par les joueurs au début de la partie.

Chip

L'ouvreur doit blinder d'office avant la donne. Concrètement, il dépose un jeton sur la table: ce jeton représente la valeur d'ouverture minimale que les joueurs ont convenu de miser, lors de la fixation des enjeux.

Cette valeur d'ouverture minimale, symbolisée par un jeton, s'appelle le "chip" (du mot anglais *cheap* = pas cher).

Relance

Supposons une partie comportant cinq joueurs: A, B, C, D et E.

A est le donneur. B est l'ouvreur. B coupe les cartes et blinde (à 50 centimes, par exemple). Puis A distribue les cartes à B, C, D, E en se servant le dernier.

C n'a pas une bonne main, donc il ne suit pas et sort du coup. D, qui a une bonne main, double la mise initiale en disant: "50 centimes plus 50 centimes!". Ce faisant, D est le relanceur, aussi appelé "surblindeur".

E abandonne le coup parce qu'il n'a pas un bon jeu.

A, qui a une bonne combinaison, triple la mise et fait une contre-relance en disant "50 centimes plus 1,50 F!".

Donc, C et E ne sont plus dans le coup. Seuls B, D et A restent dans le jeu. Pour avoir des cartes, B doit égaliser la mise à hauteur de la contre-relance, c'est-à-dire miser 1 F (puisqu'il a déjà blindé à 50 centimes).

Quant à D, il doit ajouter 50 centimes à la mise (puisqu'il a doublé la mise).

Qu'a-t-on vu, dans ce coup? D'abord une relance (celle de D), puis une contre-relance (celle de A). Comme vous le voyez, la relance est comparable aux enchères.

Plus un joueur estimera avoir une bonne combinaison, plus sa relance sera forte. Enfin, c'est celui qui a fait la plus forte relance qui, après l'écart, aura le droit de parler le premier et de relancer les mises. Vu le coup précité, ce sera A qui misera en premier après l'écart.

Distribution des cartes

La distribution des cartes, qu'on appelle la "donne", est le premier mouvement du jeu. Avant de distribuer, le donneur doit faire "couper" le paquet de cartes par son voisin de gauche (ou de droite). On ne doit pas couper à moins de quatre cartes. Le donneur doit contrôler la régularité des mises, en s'assurant notamment que l'ouvreur a effectivement blindé avant qu'il n'ait commencé à donner les cartes (si l'ouvreur a omis de blinder ou de chiper à temps, le donneur peut lui infliger une amende).

En partant de la gauche (règlement) ou de la droite (dérogation conventionnelle), le donneur sert, une par une, cinq cartes à chaque joueur en se servant le dernier étant rappelé que l'ouvreur doit blinder avant que n'ait commencé la donne. A présent tout le monde a cinq cartes en mains.

Le donneur dit: "Cartes?". Chacun indique à voix haute le nombre de cartes qu'il veut et, parmi les cinq cartes qu'il a reçues, rejette un nombre de cartes égal à celui qu'il a demandé au donneur: c'est ce qu'on appelle l'écart.

Le donneur sert les joueurs une seconde fois. Puis il repose le paquet sur la table en prenant soin d'en recouvrir les cartes écartées (rejetées) par les joueurs. Les jeux sont faits, les cartes données et la partie commence.

Principaux termes d'usage

Le poker n'est ni une joute oratoire, ni une partie de belote, ni une conversation mondaine. C'est un jeu individualiste qui exige des nerfs solides, des réflexes rapides et des qualités de concentration.

A la table il faut parler le moins possible, s'abstenir de tout commentaire, s'interdire de faire une remarque personnelle à haute voix. En fait, il s'agit de ne pas troubler ses adversaires. Le déroulement d'une partie doit s'inscrire dans ces deux dimensions: le Silence et le Temps.

Cependant, comme il faut bien prononcer un minimum de paroles soit pour demander des cartes, soit pour relancer, soit pour indiquer qu'on abandonne un coup et qu'on passe, vous devez connaître un certain nombre d'expressions qui, en fait, se réduisent à quelques mots.

En vue de vous aider à les retenir, nous vous proposons le glossaire suivant.

1. Au début d'un coup (une partie se déroule en plusieurs coups, dont la quantité varie en fonction du temps de jeu), l'ouvreur blinde, et le donneur distribue. Quand arrive votre tour de parole, vous pouvez soit suivre, soit passer. Si vous suivez l'ouvreur, vous devez dire: "Suivi!". Si vous ne suivez pas, parce que vous avez une mauvaise main, vous dites: "Non suivi!", ou "Sans moi!", ou "Je passe!".

2. Vous pouvez suivre l'ouvreur en relançant l'enjeu. Dans ce cas, vous direz: "Tant plus tant!".
   Exemple: le minimum d'enjeu à miser (chip) est de 50 centimes. Dans ce cas, puisque vous voulez enchérir sur l'ouvreur en doublant, par exemple, le chip, vous direz: "50 centimes plus 50 centimes!".

3. Quand le donneur, après vous avoir servi une première fois (premier tour de cartes ou première main), s'adresse

à vous en disant: "Cartes?", vous devez indiquer, d'un mot — par exemple: "Trois cartes!" — le nombre de cartes que vous désirez.

Exemple: le donneur dit: "Cartes!" Or, vous avez, servies en première main, les cartes suivantes: un As, un Roi, un 7, un 8 et une Dame. Donc, vous avez une main médiocre.

Combien de cartes pouvez-vous demander? Essayons d'imaginer vos possibilités d'écart.

Dame, Roi et As: possibilité de Suite, mais c'est risqué. Dans ce cas, vous gardez votre Dame, votre Roi et l'As, vous demandez deux cartes au donneur, en lui disant: "Deux cartes!". Pourquoi deux cartes? Parce qu'il vous manque justement deux cartes (le 10 et le Valet) pour avoir une Suite à l'As.

As, Roi: possibilité de Paires (Paire d'As et Paire de Rois, on ne sait jamais). Dans ce cas, vous gardez l'As et le Roi, et vous demandez trois cartes au donneur. Pourquoi? Parce qu'il vous manque un As et un Roi pour avoir une Double paire aux As. En demandant trois cartes, vous vous donnez une chance supplémentaire d'en obtenir deux qui soient bonnes.

As: vous tentez votre chance, vous gardez l'As et vous demandez quatre cartes au donneur. On ne sait jamais, la chance peut vous servir soit une paire d'As (au minimum), soit (qui sait?) un Brelan d'As, soit une Double paire, etc.

4. Supposons que, après avoir reçu vos cinq premières cartes, vous ayez une Suite ou un Full servis en première main. Dans ce cas, évidemment, vous suivez comme un seul homme, avec ou sans relance, ceci dépendant de la conjoncture ou de l'état de votre sensibilité propre.

Dans une pareille situation, quand le donneur vous dit: "Cartes!", vous devrez répondre: "Servi!".

Ce faisant, d'une part vous indiquez au donneur que vous n'écartez aucune carte. D'autre part, vous avertissez vos adversaires que vous avez un bon jeu en mains.

5. Celui qui, avant l'écart, a relancé à la plus forte hauteur de mise, a le privilège de parler le premier et d'ouvrir après l'écart. Vous êtes dans ce cas.

Supposons que, après l'écart, vous ayez un Brelan de Valets servi en seconde main. Que faites-vous? En règle générale, vous dites: "Plus 1 F!" par exemple.

Imaginons que vous soyez quatre à jouer: A, B, C et D. Vous êtes C. Après que vous avez dit: "Plus 1 F!", D se retire et passe en disant: "Non suivi!", ou: "Sans moi!", ou: "Je passe!", ou encore: "Je tombe!".

A, qui possède un Brelan de 9, donc une main convenable, enchérira sur vous en doublant votre ouverture après l'écart. Pour ce faire, A dira: "1 F plus 1 F!".

Devant cet assaut de relance, B se retire et passe.

A ce moment du coup, vous restez seul contre A. Que pouvez-vous faire? En fait, vous pouvez:

— soit dire: "Parole!" (politique d'attente ou feinte de votre part);

— soit égaliser la relance de A en disant: "1 F pour voir!";

— soit enchérir sur A en relançant le mises, en disant: "1 F plus 1 F!".

Admettons que, pour des raisons de prudence, vous ayez finalement choisi d'attendre en disant: "Parole!".

Or, A, qui se sent fort (possesseur d'un Brelan de 9), va confirmer sa pugnacité en relançant sur lui-même. Ainsi, il dira: "Plus 1 F!".

Comme on ne peut opposer la parole deux fois de suite, vous n'avez plus d'autre choix que de suivre ou d'abandonner le coup. En fait, vous voulez rester prudent mais cependant voir le jeu de A. Dans ce cas, vous égaliserez sa relance (2 F) en disant: "2 F pour voir!".

Là, *A* doit vous montrer son jeu. Son Brelan de 9 étant battu par votre Brelan de Valets, c'est vous qui gagnez le coup.

Théorie du pot

Le pot, de l'anglais *Jack-Pot* (*Jack* voulant dire Valet), constitue un des coups les plus marquants dans une partie de poker. On peut même dire que c'est une partie dans la partie, un match dans le match. Il représente l'affrontement par excellence, la vraie bataille où seuls le sang-froid, l'audace, la détermination et l'art de bluffer permettent au meilleur, au plus fort de l'emporter sur ses rivaux.

C'est souvent un moment crucial, décisif, et les sommes qu'on y engage, du fait de la multiplication des mises, finissent par devenir si importantes que si on perd un pot, on est obligé soit de se recaver complètement, soit de se retirer de la partie et de quitter la table. En fait, un joueur qui a déjà beaucoup perdu ou perdu un petit peu à chaque coup, peut tout regagner ou tout perdre dans un pot.

D'abord, vous n'êtes pas obligé d'entrer dans un pot, du moins pas tout de suite. Vous pouvez attendre, voir venir, différer votre entrée dans le jeu. Mais rien ne vous empêche d'y entrer ultérieurement, à condition de miser à la hauteur des mises déjà engagées par les participants.

Le pot est obligatoirement joué dans les deux cas suivants:

1. Quand un coup n'a pas été suivi (seul l'ouvreur a chipé): c'est le pot avant l'écart.

2. Quand un coup a été suivi mais que chacun des joueurs (poteurs) a dit: "Parole!" après l'écart: c'est le pot sur parole (ou pot après l'écart).

En outre, les joueurs d'une table peuvent convenir de faire un pot dans des conditions déterminées, en cas de mauvaise donne (maldonne) notamment.

Enfin, il faut distinguer le pot réglementaire avec ouverture imposée, et le pot conventionnel avec ouverture libre.

Tous ceux qui veulent faire un pot doivent obligatoirement blinder, c'est-à-dire payer pour avoir des cartes. En pratique, c'est le coupeur des cartes qui fixe l'ouverture. Le donneur distribue les cartes, tout en contrôlant la régularité des mises au fur et à mesure qu'elles sont engagées sur la table par les participants.

En vertu de la règle officielle (mais elle comporte des dérogations et des variantes en pratique), on ne peut ouvrir au premier coup du pot qu'à la condition d'avoir une Paire de Valets servie en première main. Ainsi, le minimum officiel d'ouverture prescrit par la règle est fixé à la hauteur d'une Paire de Valets.

1. Pour le premier coup, on ne peut ouvrir qu'avec une Paire de Valets servie au moins. Evidemment, vous pourrez également ouvrir si vous avez reçu une combinaison supérieure à ce minimum imposé. Mais vous ne pouvez pas ouvrir à moins d'avoir une Paire de Valets.

   Exemple: une Paire de 10 servie ne vous permet pas de faire l'ouverture. Par contre, une Paire de Valets ou une Paire de Dames vous permet de le faire.

2. Pour le deuxième coup (en supposant que l'ouverture ne s'est pas réalisée au premier coup), on ne peut ouvrir qu'avec une Paire de Dames servie au moins.

3. Pour le troisième coup, on ne peut ouvrir que si on a, servie, une Paire de Rois au minimum.

Tant que l'ouverture ne s'est pas produite, tous les participants doivent reblinder entre chaque nouvelle donne, ce qui augmente très vite la masse des mises engagées sur le tapis. Tant que le pot n'est pas ouvert, le jeu tourne et tous les donneurs successifs doivent s'assurer, chacun à son tour, que les blindeurs ne commettent aucune erreur ou irrégularité de mise.

En outre, chaque donneur devra indiquer à haute voix le minimum de cartes exigé pour ouvrir.

En principe, au cours d'un pot, on mise au minimum: à la hauteur du chip initialement convenu. Mais, en pratique, les joueurs pourront convenir entre eux, à l'unanimité, d'augmenter la valeur des mises. Ainsi, chaque ouvreur pourra miser avec relance. Dans ce cas, les autres joueurs devront égaliser en misant à la hauteur de cette surenchère, s'ils veulent continuer à avoir des cartes et rester dans le pot.

Bref, on peut soit blinder au minimum des mises (chip), soit miser en relançant.

Nous avons vu que, pour chaque coup, le minimum d'ouverture est fixé à la hauteur d'une Paire de Valets (premier coup), puis à la hauteur d'une Paire de Dames (deuxième coup), enfin à la hauteur d'une Paire de Rois (troisième coup). Mais, en pratique, on peut diminuer ou majorer ce minimum officiellement prescrit par le règlement. Ainsi, les joueurs peuvent décider à l'unanimité qu'on ne pourra ouvrir, au premier coup, qu'à la condition d'avoir une paire de 10 (diminution du minimum prescrit) ou une Double paire (augmentation du minimum prescrit). C'est ce qu'on appelle "diminuer" ou "augmenter" l'ouverture préalable. Dans ce cas, c'est le coupeur des cartes qui fixera généralement le minimum ouvrable.

Règle importante à laquelle on ne doit en aucun cas déroger, il faut obligatoirement que le joueur qui a ouvert le pot montre son ouverture aux autres joueurs, à la fin du coup, en étalant ses cartes devant lui.

Supposons que pour tel pot, le minimum d'ouverture ait été fixé à la hauteur d'un Brelan de 10. Il y a trois joueurs: *A*, *B*, et *C*. Tout le monde blinde. Puis *A*, le donneur, distribue les cartes.

B reçoit un Brelan de Valets servi. Donc, il ouvre. *A* et *C* ne suivent pas, considérant que *B* ne peut pas être battu parce qu'ils ne croient pas à leur chance. Donc le **joueur B** est le gagnant du pot. Mais, avant de ramasser la **masse** des mises, le joueur B doit montrer son Brelan de Valets à ses adversaires, en leur découvrant ses cartes. En fait, si le joueur B avait bluffé et que, à la fin du coup, il ne soit pas en mesure de justifier l'ouverture en montrant ses cartes, il devra payer tant de fois la masse des mises.

Nous venons d'indiquer les règles générales du pot avec ouverture imposée. Mais il faut aussi dire un mot du pot avec ouverture libre. Dans ce type de pot, on ne fixe pas un minimum d'ouverture. En conséquence, chaque joueur peut ouvrir avec la combinaison qu'il veut (avec une Paire de 7, par exemple), y compris avec une simple carte (un As ou un 7, par exemple).

Pour faire un pot, qu'il soit imposé ou libre, il faut que vous connaissiez deux expressions fréquemment utilisées. Ces termes d'usage sont: "Ouvert!" et "Fermé!".

Au moment de l'écart, après que le donneur vous a servi cinq cartes en première main, vous devez dire: "Fermé!" si vous ne possédez pas la combinaison exigée pour ouvrir (dans le pot imposé), ou si vous ne voulez pas ouvrir (dans le pot libre).

Par contre, si vous recevez la combinaison d'ouverture, vous devez dire: "Ouvert" si vous estimez qu'il est opportun d'ouvrir.

Prenons un exemple. Supposons que le minimum d'ouverture convenu (pot imposé) ait été fixé à la hauteur d'une Paire de Valets. Si vous recevez un As, un 7, un 8 et deux 10, vous devez dire: "Fermé!" car vous n'avez pas reçu la combinaison requise: en effet, vous n'avez qu'une Paire de 10.

Au contraire, si vous avez reçu trois Dames, un 10 et un 7, vous pouvez dire: "Ouvert!", car vous possédez plus que le minimum requis: en effet, vous avez un Brelan de Dames servi.

Théorie de l'écart

Ecarter une carte (d'où le mot "écart"), c'est s'en débarrasser, la rejeter parce que vous estimez qu'elle ne vous sert à rien. Cette phase du coup, appelée "écart", commence dès que le donneur vous pose cette question rituelle: "Cartes?".

Définition

Faire l'écart, c'est prendre autant de cartes qu'on en a rejeté. Exemple: supposons que le joueur *A* ait reçu deux As, un Roi, un 8 et un 7 servis. Quand viendra son tour de parler, le donneur lui dira: "Cartes?". Dans le cas présent, en supposant qu'il cherche à faire une Double paire au minimum (Paire d'As et Paire de Rois), *A* écartera son 8 et son 7 et recevra deux nouvelles cartes en remplacement des "écartées".

Par contre, s'il veut améliorer son jeu au maximum (c'est-à-dire transformer sa Paire d'As en Brelan d'As), le joueur *A* écartera trois cartes (son Roi, son 7 et son 8).

Ecart ordinaire

En temps ordinaire, un joueur écarte autant de cartes qu'il veut, sans toutefois pouvoir en rejeter plus de quatre (maximum écartable).

Ecart obligatoire

En règle générale, on écarte autant de cartes qu'on veut au moment de l'écart. Toutefois, dans le cadre du pot avec ouverture imposée, celui qui a ouvert n'est pas libre d'écarter autant de cartes qu'il veut: en fait, il est obligatoirement "limité" à l'écart.

Prenons un exemple. Selon le règlement officiel, on ne peut ouvrir au premier coup qu'à la condition d'avoir au minimum une Paire de Valets servie. Supposons que vous ouvriez: vous dites: "Ouvert!", et vous demandez quatre cartes. Or, il se trouve que vous n'avez pas le droit d'écarter quatre cartes. Pourquoi?

Parce que vous ne pouvez ouvrir qu'à la seule condition d'avoir une Paire (minimum d'ouverture) servie. Dans le cas qui nous occupe, vous ne pourrez donc écarter que trois cartes au maximum.

Voilà pourquoi, dans un pot imposé, vous devez obligatoirement (sous peine de faire hurler vos adversaires) conserver le nombre de cartes exigé pour avoir le droit d'ouvrir. En l'occurrence, vous devrez donc garder deux cartes (preuve que vous avez l'ouverture).

Ainsi, quand le minimum d'ouverture est fixé à la hauteur d'une Paire, vous ne pourrez pas écarter plus de trois cartes; quand le minimum d'ouverture sera un Brelan, vous ne pourrez pas écarter plus de deux cartes; et quand le minimum d'ouverture sera une Double paire, vous ne pourrez pas écarter plus d'une seule carte. C'est ce qu'on appelle "l'écart obligatoire" ou "l'écart limité", dans le cadre du pot à ouverture imposée.

Au contraire du pot imposé où l'écart limité est de règle, dans le pot avec ouverture libre vous pouvez écarter autant de cartes que vous voulez (quatre cartes au plus: maximum écartable).

Ecart de feinte

Quand un joueur dit: "Servi!" au moment de l'écart, ses adversaires ont un coup au cœur et, en général, ils ne suivent pas. Pourquoi? Parce que, en faisant savoir *urbi et orbi* qu'il est servi et copieusement servi (en excluant l'hypothèse, toujours possible, d'un bluff), le joueur en question fait clairement savoir à ses rivaux de la table qu'il tient une "grande" main, une combinaison très forte:

— soit une Suite;
— soit un Full;
— soit une Couleur;
— soit (mais c'est très rare) un Carré;
— soit (mais c'est rarissime) une Suite Couleur (Quinte floche).

Dans une telle situation, les autres joueurs, littéralement "sonnés" par l'annonce du joueur chanceux bien servi, passeront à l'écart et abandonneront le coup (au moins dans un coup ordinaire). Donc, il n'est pas toujours rentable de dire qu'on est servi, puisqu'en fait on ne ramassera que la petite masse des mises engagées avant l'écart.

Mais, plutôt que de dire: "Servi!", ce qui a le don de décourager les autres, le joueur en question peut faire un écart de feinte. Comment cela?

Supposons que le joueur B ait reçu un Full servi (trois Valets et deux 8, par exemple). S'il veut jouer finement et attirer ses adversaires dans un piège en les amenant à suivre, il fera bien d'écarter ses deux 8 (c'est-à-dire de "casser" son Full) et de garder seulement son Brelan avec lequel il reste fort.

Ainsi, au lieu de crier: "Servi!" et d'effrayer ses adversaires, il demandera innocemment deux cartes, et les autres, ne voyant pas sa feinte, n'hésiteront pas à suivre. C'est ce qu'on appelle "l'écart de feinte" ou "écart simulé". En fait, c'est l'art de savoir cacher son jeu.

Evidemment, cette ruse de bonne guerre peut se retourner contre son auteur, notamment si un de ses opposants reçoit une combinaison plus forte que la sienne. Mais plus il y aura de joueurs engagés dans le coup, plus cette tactique risquera d'être payante et rentable: en effet, quand on joue à cinq, ce n'est pas à tous les coups qu'on voit la couleur d'un Brelan.

Dans l'exemple que nous venons de donner, le joueur B peut aussi casser son Full aux Valets (c'est-à-dire feinter à l'écart) en écartant non pas deux cartes mais seulement un de ses deux 8: ce faisant, il peut avoir une chance de reconstituer son Full si, par bonheur, il venait à recevoir un autre 8.

Ceci nous permet de vous rappeler que, au poker, vous devez non seulement chercher à améliorer vos combinaisons de départ mais aussi essayer d'abuser l'adversaire en feintant à l'écart.

Ecart à l'aventure

Quand vous avez hérité d'une mauvaise main, ne vous découragez pas, rien n'est perdu, la chance peut vous sourire. N'oubliez jamais que la chance aime ceux qui croient en elle. Par exemple, le joueur A reçoit un As, une Dame, un 10, un 8 et un 7. Pas de chance! C'est une main décousue, plate, démoralisante. Que pouvez-vous faire? Passer ou, pourquoi pas, tenter le coup en demandant quatre cartes. On ne sait jamais: vous pouvez vous retrouver avec un beau jeu.

Comme nous ne pouvons pas résister à la tentation de vous donner un exemple d'écart à l'aventure, supposons une partie à deux (donc avec 32 cartes). B coupe et blinde, A donne les cartes, regarde son jeu et suit.

Que voyons-nous au moment de l'écart?

1. *B*, qui se réjouit d'avance (il a tort, au poker l'impassibilité est de mise), est nanti de trois Rois, d'un 8 et d'un 9. Excité par le Full aux Rois possible, il écarte son 8 mais reçoit un 10.

2. Quant à *A*, il n'a strictement rien, rien qu'une main plate: un As, une Dame, un 7, un 10 et un 9. Comme il n'a plus rien à perdre, il garde son As et écarte le reste. Or, chance extraordinaire, il reçoit deux As et deux 8.

A votre avis, qui a gagné? Bien sûr, c'est *A* qui, pourtant, a écarté à l'aventure (en effet, son Brelan est plus fort que celui de *B*).

Description schématique d'un coup

A part l'ouvreur (premier voisin du donneur) qui est obligé de blinder en déposant un chip au milieu de la table, personne n'est obligé de suivre, c'est-à-dire de blinder. Avant de le faire on examine le jeu qu'on a reçu en première main. Après, seulement, on blinde à son tour selon l'ordre des places autour de la table.

Remarque: on suppose que, lors de l'établissement des enjeux, les joueurs ont convenu que pour une cave à hauteur de 20 F, le blind sera de 50 centimes au minimum (chip conventionnel).

On peut faire une relance au blind. Dans ce cas, celui qui veut suivre en relançant dira: "50 (50 centimes étant le chip minimal) plus 1 F!" par exemple. En fait, pourquoi relancer, c'est-à-dire doubler ou tripler la mise de l'ouvreur? Parce que, en fait, le relanceur (ou surblindeur) estime avoir un bon jeu en mains.

Le jeu est engagé et le coup tenu quand deux joueurs, au minimum, ont blindé (avec ou sans relance). Ceux qui n'ont pas suivi en blindant "tombent" leurs cartes et sortent du coup: ils ne participeront pas à cet échange. Donc, deux adversaires restent actuellement en présence.

Après le blind et, éventuellement la relance, le donneur demande à ceux qui restent en lice combien ils veulent de cartes. Supposons que A demande trois cartes au donneur, et que B en demande une. Dans ce cas, A écartera trois cartes et B une carte: c'est l'écart. Puis le donneur donnera à chacun ce qui lui a été demandé.

Récapitulons: s'adressant à A et B, le donneur demandera: "Cartes?" Cette question ayant été posée, A écarte trois cartes, et en reçoit trois nouvelles; B écarte une carte et en reçoit une nouvelle. Le terme "écarter" est synonyme de "rejeter", "se débarrasser de".

Maintenant, le torchon brûle après l'écart, la partie est nouée, l'affrontement commence. L'ouvreur parle en premier (mais, quand il a relancé le blind, c'est le surblindeur qui parle en premier), et il ajoute une nouvelle mise au centre de la table: il engage une certaine somme (représentée par un jeton ou fiche) compte tenu soit de son jeu, soit du bluff (action psychologique) qu'il veut exercer sur son adversaire, soit de ses anticipations personnelles. Par exemple, A dira: "Plus 1 F". Son adversaire, B, a trois possibilités: soit suivre, soit ne pas suivre (se désister), soit dire: "Parole!".

1. S'il ne veut pas suivre, c'est-à-dire payer pour voir le jeu de A, B dit: "Non suivi", ou "sans moi".

Et il tombe les cartes. Dans ce cas, A gagne la masse des mises.

2. Au contraire, si B veut suivre A (qui a relancé 1 F après l'écart), deux hypothèses doivent être envisagées.

Première hypothèse: s'il veut voir le jeu de son adversaire, c'est-à-dire payer à hauteur de la même mise engagée par A, B dira: "1 F pour voir!".

Dans ce cas, A et B abattent leur jeu, c'est celui qui a la meilleure combinaison qui l'emporte.

Seconde hypothèse: s'il veut relancer A, parce qu'il estime avoir une combinaison supérieure à la sienne, B dira: "1 F plus 2 F!", par exemple. Dans ce cas, A suivra ou ne suivra pas.

Enfin, s'il veut différer son action pour des raisons tactiques, ou encore s'assurer que A ne bluffe pas, B pourra dire: "Parole".

Quand B a dit: "Parole!", A peut soit ne pas suivre, soit relancer, soit égaliser la mise de B pour voir son jeu, soit dire "Parole!" à son tour: auquel cas, il fuat faire un pot.

Engagement d'un coup réel

On joue avec 32 cartes. Il y a trois joueurs: A, B et C. B (ouvreur) coupe et blinde à la hauteur du chip (50 centimes). Puis A donne les cartes une par une, sert B et C puis se sert en dernier.

B reçoit une Paire de Valets, un As, un 9 et un 7.

C reçoit un Brelan de 10, un 8 et une Dame.

A s'est donné un As, un 8, un 7, une Dame et un Valet.

Remarque: dans ce qui suit, nous n'envisagerons qu'un certain nombre de possibilités objectives de jeu. Dans la réalité, les joueurs de poker agissent en fonction soit du contexte, soit de leurs anticipations personnelles, soit de leur propre sensibilité. Autant de motivations extrêmement subjectives et irrationnelles dont nous ne pourrons que partiellement rendre compte dans le cadre de ce manuel qui se veut, avant tout, pratique.

B ayant chipé au minimum (50 centimes), C égalise et relance en triplant la mise: il dit: "50 centimes plus 1 F!" (il a raison de relancer, car il a une bonne main).

B, qui, avec une Paire de Valets, est en droit d'avoir des espérances, égalise la relance.

A, quant à lui, n'est pas bien servi, sa main est décousue, sans intérêt, sauf l'As qui est dans son jeu. Cependant, il égalise la relance et dit "Suivi!".

Donc les joueurs sont tous les trois dans le coup.

Au moment de l'écart, quelles sont les possibilités de chaque joueur, c'est-à-dire les combinaisons éventuelles qu'ils peuvent espérer après avoir écarté leurs mauvaises cartes? Nous allons le voir.

B, doté d'une Paire de Valets, a une possibilité de Brelan de Valets.

C, doté d'un Brelan de 10, a une possibilité de Carré de 10. Il a aussi une possibilité de Full s'il garde soit son 8, soit sa Dame.

Enfin A, doté d'une main trop médiocre, n'a aucune possibilité précise. Son intérêt sera d'écarter le plus de cartes qu'il peut.

Lors de l'écart, B rejette trois cartes (l'As, le 9 et le 7) et en reçoit trois.

C rejette deux cartes (il escompte le Carré plutôt que le Full) et en reçoit deux.

Enfin A rejette quatre cartes (maximum écartable), et en reçoit autant. Comme A est le donneur, il annonce lui-même aux autres le nombre de cartes qu'il se donne, en disant: "Quatre cartes!" (il garde son As).

Après l'écart, voyons ce que chacun a reçu à la seconde distribution.

Sur les trois cartes demandées, B a reçu un troisième Valet: donc il a un Brelan de Valets.

Sur le deux cartes demandées, C n'a pas reçu le quatrième 10 qu'il escomptait. Donc il n'a pas amélioré sa main et a toujours un Brelan de 10.

Enfin, A a reçu deux As supplémentaires: donc il a un Brelan d'As.

Etant donné que C a relancé sans avoir subi une contre-relance, c'est à lui de parler le premier: il dit: "Plus 1 F!".

A, qui vient de remarquer l'assurance de C, dit: "Parole!" (c'est une feinte).

B, fort de son Brelan de Valets, enchérit sur C et contre-relance en disant: "1 F plus 5 F!".

C, refroidi par cet assaut, égalise et veut voir: il dit: "5 F pour voir!".

Fort de son Brelan d'As, *A* égalise et enchérit sur *B* en disant: "5 F plus 10 F!".

Là, *C* ne suit plus et abandonne le coup; il dit: "Sans moi!".

B, refroidi et inquiet à son tour, égalise cependant pour voir le jeu de *A* (il estime qu'il a été trop loin pour reculer, ce qui n'est pas toujours une bonne réaction). Dans ce cas, *B* dira: "10 F pour voir!".

A et *B* abattent leurs cartes: Brelan d'As contre Brelan de Valets. Donc, c'est *A* qui l'emporte.

Récapitulation des règles
de base théoriques

Dans ce qui suit, nous allons passer en revue un certain nombre de notions et de mouvements de jeu que vous avez déjà vus, mais que nous essayerons d'affiner et de présenter d'une manière plus concrète.

Comme il était difficile de suivre un plan rigoureux et logique (le jeu est ennemi de toute logique, car il subit l'influence du hasard, des intuitions ou de l'irrationnel), nous avons préféré aborder les questions à revoir d'une manière plus pragmatique.

Enfin, nous concentrerons la plupart de nos recherches sur la théorie du pot, un des coups les plus importants du poker. C'est pourquoi, afin de vous rafraîchir la mémoire avant d'aborder ce chapitre de récapitulation, nous vous conseillons de relire une fois encore le chapitre que nous avons intitulé: "Théorie du pot".

Ouverture du pot

Le premier à parler dans le pot, c'est l'ouvreur. S'il n'ouvre pas, il dit: "Fermé" et la parole passe au suivant. Si ce dernier à son tour n'ouvre pas, la parole revient au donneur qui dira soit: "Ouvert!", soit "Fermé!" selon qu'il ouvre ou non.

Au premier coup, le minimum d'ouverture est une Paire de

Valets. Au second coup, c'est une Paire de Dames. Au troisième coup, c'est une Paire de Rois.

Tant que personne n'a ouvert, le jeu tourne. Ainsi, le donneur coupe le paquet de cartes, et celles-ci sont redistribuées par le nouveau donneur qui, en fait, est l'ouvreur du coup précédent.

Ouverture conventionnelle

Il faut distinguer l'ouverture normale ou conventionnelle (avec ou sans relance) et le minimum d'ouverture exigé pour avoir le droit d'ouvrir un pot (*Jack-Pot*). Vous savez qu'une partie de poker se déroule en plusieurs coups (tours de cartes) dont le nombre et la quantité varient en fonction de la durée de la partie (mais certains coups peuvent être plus longs que d'autres).

On dit qu'un coup est engagé quand deux joueurs au minimum ont suivi: l'ouvreur et un autre joueur.

1. *Dépôt de la mise*. La première phase d'un tour de carte débute par la blinde de l'ouvreur: en effet, c'est l'ouvreur (premier joueur assis près du donneur dans le sens de la donne) qui ouvre le jeu d'office.

2. *Donne des cartes*. La distribution des cartes constitue le deuxième mouvement d'un coup. Vous savez que le donneur distribue cinq cartes (une par une) en commençant par servir l'ouvreur et en se servant le dernier.

3. *Ouverture du coup*. Le coup est engagé par l'ouvreur, qui doit toujours miser (ouverture normale). Si personne ne suit le jeu, le coup n'est pas engagé (ouvert), et les mises reviennent à l'ouvreur qui gagne le coup (en fait, il reprend sa mise) et on fait une nouvelle donne.

   Quand les joueurs ont convenu d'ouvrir sans relance, ceux qui veulent suivre (c'est-à-dire entrer dans le coup) l'ouvreur doivent égaliser sa mise: en fait, ils acceptent d'entrer dans le jeu. Dans ce cas, le coup est engagé (ouvert) et on passe à l'écart.

Au contraire, quand les joueurs ont convenu d'ouvrir avec relance, n'importe quel joueur peut enchérir sur l'ouvreur en augmentant la mise initiale. Si aucun des joueurs ne suit cette relance, c'est le surenchérisseur (appelé surblindeur ou relanceur) qui gagne le coup et ramasse les mises. Dans ce cas, on ne fait pas d'écart et on effectue une nouvelle donne.

Mais si un joueur égalise la relance, le coup est engagé et on passe à l'écart.

Ouverture au blind

L'ouverture au blind ne peut être faite que par l'ouvreur. Celui-ci mise une somme correspondant au double du pot. Dans ce cas, l'ouverture normale est remplacée par l'ouverture au blind. Le jeu est ouvert par l'ouvreur et les joueurs doivent dire s'ils participent ou non au jeu. Seul l'ouvreur (ou blindeur) a le droit de faire une relance. S'il relance, il offre à ses adversaires la possibilité de contre-relancer. Le blind doit, naturellement, être fait sans qu'on ait vu ses cartes. Le premier à parler après sera le joueur qui se trouve à la gauche du blindeur, qui verra ainsi la possibilité d'être le dernier à parler. Si aucun joueur ne suit au blind, le blindeur retire le pot et l'on passe au coup suivant.

Surblind

Le surblind (de l'anglais *overblind*) ne peut être effectué que par le joueur qui est le second à parler après l'ouvreur. Avant d'avoir regardé ses cartes, il double la mise du blindeur. Le blindeur peut égaliser la mise du surblindeur (avant d'avoir vu ses cartes) ou bien choisir d'attendre.

Dans le premier cas, le blindeur qui a égalisé le surblind, a droit à la relance. Dans le second cas, l'unique joueur qui puisse relancer est le surblindeur, qui acquiert le droit d'être le dernier à parler. Il est également prévu, dans la partie à cinq joueurs, un contre-surblind, effectué par le troisième à parler qui relance la mise du surblindeur. Dans ce cas, le blindeur n'a la possibilité de terminer avant d'avoir vu ses cartes que si le surblindeur a déjà terminé. Il faut cependant préciser que la règle du jeu ne prévoit pas le contre-surblind. Si vous ouvrez, ne le faites pas avec une Paire étriquée de Valets, à moins que ce soit pendant une phase de chance. En effet, si les autres relancent sur vous, vous risquez de ne pouvoir soutenir la relance. Sachez qu'il est de bonne règle de ne pas ouvrir quand on est ouvreur: si vous avez le minimum d'ouverture, vous pourrez relancer à votre tour, et au contraire, si vous avez une combinaison insuffisante, vous pourrez vous abstenir de jouer si quelqu'un a relancé avant que la parole vous soit revenue.

L'ouverture au blind est clairement une finesse pour augmenter de propos délibéré l'importance du jeu. Nous vous conseillons de faire des parties avec blind obligatoire et relance libre pour tous, par dérogation à la règle, sinon le jeu devient monotone et mécanique.

Relance et contre-relance

Supposons que le pot ait été ouvert au blind: vous, et éventuellement d'autres joueurs, avez participé au coup en versant la mise (qui, dans ce cas, est égale au double du pot). Après que chacun a fait part de son adhésion ou de son désistement au coup, la parole revient à celui qui a fait le blind.

Ce dernier pourra accepter l'enjeu et on en viendra aux écarts de cartes, mais il pourra aussi redoubler ou relancer, ou bien encore augmenter la mise en jeu: il pourra dire "Je double!", ou "Trois fois!", ce qui signifie qu'il veut doubler ou tripler l'enjeu. Et la parole sera de nouveau à tous les joueurs qui participent au coup (il est évident que celui qui s'était abstenu, n'a plus le droit d'entrer, même s'il en voit l'intérêt).

Donc, vous et les autres pouvez accepter l'augmentation proposée, ou contre-relancer à votre tour, ou bien proposer une autre augmentation de la mise en jeu: ce sera toujours aux autres d'accepter ou de renoncer.

Supposons que ce soit vous qui ayez subi une relance de la part du blindeur qui aura triplé sa mise. A ce moment-là, il est clair que si vous avez misé en ayant une faible combinaison, c'est maintenant que vous avez intérêt à vous désister et à abandonner le coup.

Si, au contraire, vous avez un bon jeu, tel que deux Paires au Roi ou à l'As ou, mieux, un Brelan, alors vous pouvez accepter la relance. Si vous avez une combinaison très forte, vous pouvez contre-relancer en disant, par exemple: "Six fois!", ou encore "Neuf fois!". Ce serait alors au tour des autres de réfléchir pour savoir s'ils égalisent votre contre-relance ou s'ils abandonnent. Tout ceci est valable dans le cas d'un blind. Dans le cas d'une ouverture imposée au contraire, les choses se passeront selon le même processus avec la différence que tous les joueurs, après l'ouverture, pourront relancer et contre-relancer. La règle est précise: n'importe qui, en suivant la main, peut augmenter la mise, lorsque c'est à son tour de parler.

La relance doit être rapide. La règle du jeu impose en effet que les relances et les contre-relances soient effectuées sans perdre de temps. Il n'est pas permis d'hésiter avant de relancer. Vous pouvez réfléchir autant que vous voulez avant de donner votre accord, mais il n'en est pas question quand il s'agit d'augmenter la mise en relançant.

Vous avez tous vu au cinéma ces parties de poker au *Far-West*, dans lesquelles les participants font des relances très lentes, en comptant les jetons, en soufflant la fumée de leurs cigares par le nez, et en s'arrêtant pour déguster leur whisky. Rien de tout ceci n'est admis dans notre poker. Si une relance est faite avec du retard, on peut contraindre le retardataire à la reprendre et on l'annule.

Il va de soi qu'une relance tardive ou trop lente est automatiquement contrée par une contre-relance.

Donc, ne perdez pas votre temps: vous n'y auriez aucun avantage.

Regardez rapidement vos cartes, évaluez vos possibilités d'amélioration et tenez-vous prêt! Toujours à propos des lenteurs et des hésitations, si vous avez une bonne combinaison ne "jouez" pas à celui qui hésite: cette attitude franchement hypocrite est à la limite de l'irrégularité.

Enfin, vous pouvez "bluffer à l'écart" en disant: "Servi!" au donneur. Ce faisant, vous faites savoir à vos vis-à-vis que vous tenez un jeu excellent (une Suite au minimum), alors que, en réalité, vous n'avez rien qu'une Paire de Valets, par exemple.

Bien sûr, dans certains cas (surtout si vous êtes en "baisse" et que vous n'avez plus d'espoir de vous refaire, vu la force de vos rivaux), vous pouvez bluffer sur l'écart. Mais vous prenez un risque énorme: parce que si un ou plusieurs joueurs vous suivent dans le coup (ce qui signifie qu'ils n'ont pas peur de votre Suite et qu'ils ont aussi un bon jeu), votre Paire de Valets risque de se faire écraser par un joueur qui sera réellement servi, ou même simplement par une Paire de Dames.

Quelle peut être votre défense, quand vous avez bluffé de cette manière? De deux choses l'une: ou bien vous vous retirez du coup (au poker, comme en amour, il n'est jamais honteux de fuir), ou bien vous vous lancez à corps perdu dans une grande offensive de relance, afin de "soutenir" l'effet de votre bluff à l'écart.

Stratégie de l'écart

D'une certaine manière, et si l'on exclut l'hypothèse d'un mouvement de bluff (arme psychologique du poker) toujours possible (surtout quand vous n'avez rien dans votre jeu), la qualité et l'efficacité de votre stratégie dépend du nombre de cartes que vous avez décidé de rejeter soit pour améliorer une combinaison incomplète (possibilité de Suite, par exemple), soit pour tromper vos vis-à-vis en leur laissant croire que votre jeu (jeu fictif) est meilleur que celui que vous avez en réalité (jeu réel).

Ceci nous amène à vous rappeler que, en fait, la stratégie de l'écart est une forme de bluff.

Cependant, quand vous écartez, ne commettez pas la faute de demander un nombre de cartes supérieur ou inférieur à celui dont vous avez en fait besoin. Ce serait non seulement un "écart" de langage (une sorte de lapsus malvenu) mais un petit drame, surtout si vous teniez un bon jeu de départ: en effet, en cas d'erreur d'écart, rappelez-vous que le donneur "aux doigts de rose" ne vous servira pas une deuxième fois si vous vous êtes trompé dans votre demande de cartes. Si vous vous retrouvez avec six cartes en main, "décrochez" du coup aussitôt en jetant votre jeu sur la table: le donneur l'empilera sous le talon des cartes non utilisées. En effet, il ne vous est permis de jouer qu'avec cinq cartes et, sur ce point, la règle doit impérativement s'appliquer.

Donc, si vous avez hérité d'une sixième carte importune et malencontreuse, signalez-le immédiatement au donneur et à vos partenaires de table. Si vous vous en absteniez, même pendant quelques secondes, vous pourriez passer pour un "tricheur" aux yeux de la table et vous faire exclure non seulement de la partie mais aussi du cercle où vous jouez. Toutefois, si après une faute d'écart vous vous retrouvez avec seulement quatre cartes en mains, vous pouvez rester dans le coup (dans ce cas, nous vous souhaitons d'avoir un Carré!).

Avant de demander de nouvelles cartes c'est-à-dire au moment d'écarter celles qui ne vous conviennent pas: nous nous répétons, nous ne sommes pas sans le savoir, mais il faut que vous absorbiez à tout prix la mentalité particulière du jeu de poker donc, à l'heure de demander des cartes, réfléchissez bien à ce que vous allez décider. Dans quelques secondes, quand viendra votre tour de parole, vous devrez indiquer clairement au donneur et à toute la table le nombre de cartes que vous prenez.

Exceptionnellement, lorsque vous avez une main "difficile", vous pourrez dire: "Temps pour moi!". Ce faisant, vous demandez à la table de vous accorder un petit temps de répit (littéralement: vous demandez le temps). Cette dérogation à la règle (rapidité des demandes d'écart) est admise à certaines tables, notamment pour les coups difficiles, ceux dans lesquels deux ou plusieurs joueurs jouent leur va-tout.

Quittons les parages subtils de la psychologie, et revenons à la pratique.

1. Si vous avez une Paire servie, combien de cartes écartez-vous? Il n'y a pas de réponse définitive à cette question: le poker est aussi un jeu de hasard. Notre conseil, puisqu'il faut en donner un, est qu'en cas de Paire servie, vous écartiez deux cartes seulement. Pourquoi? En vue de faire croire à vos adversaires (qui vous guettent à l'écart) que vous tenez un Brelan servi (écart de feinte, aussi appelé "écart masqué").

2. Si vous recevez un Brelan à la donne, écartez:
   — soit une carte (possibilité de Full, voire de Carré);
   — soit deux cartes (mêmes possibilités).

Mais, ayant un Brelan servi, feintez à l'écart en demandant une carte (c'est un avis personnel): vos adversaires pourront croire alors que vous tenez soit une espérance de Suite, soit un Carré servi.

En tout état de cause, quand vous avez feinté à l'écart et que, une fois le coup repris, c'est à vous de parler, faites une forte relance, jouez gros. Sinon, vos adversaires comprendront que votre feinte n'était qu'un bluff ou que vous n'avez pas pu compléter la combinaison que vous espériez recevoir après l'écart.

3. Si vous avez reçu à la donne une possibilité de Suite (quatre cartes qui se suivent: un 9, un 10, un Valet, une Dame et un As, par exemple), déchargez-vous de l'As (encombrant) et nous espérons que vous hériterez d'une Suite.

Dans une partie à 52 cartes, supposons que vous ayez reçu:

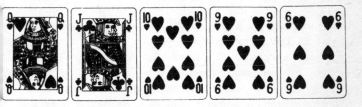

Vous avez donc une main "incomplète": D'une part vous avez une possibilité de Suite (9, 10, Valet, Dame), d'autre part, vous avez une possibilité de Couleur (quatre Cœurs). Que pouvez-vous faire à l'écart? Quelle combinaison choisir: Suite ou Couleur? Evidemment, votre choix d'écart dépendra de l'importance du coup, du contexte, de vos réserves, du nombre de joueurs entrés dans le coup, etc.

Objectivement, vous pouvez:

— soit écarter le Valet de Trèfle pour tenter une Couleur à la Dame de Cœur;

— soit écarter le 6 de Cœur pour tenter de faire une Suite à la Dame.

Phase finale du jeu

Et nous en venons maintenant à la dernière phase du coup, la plus importante, économiquement parlant, parce que c'est au cours de cette phase que le pot revient à celui qui a eu le meilleur jeu ou qui a su le mieux bluffer.

Tous les joueurs qui ont accepté les mises proposées sont restés en jeu—mises simples ou compliquées de relances et de contre-relances diverses. Seuls ces derniers ont le droit de faire l'écart et de demander au donneur un nombre de cartes égal à celui des cartes qu'ils ont écartées.

Tous les autres joueurs deviennent spectateurs et peuvent mettre à profit le bref moment qui est à leur disposition pour se verser à boire ou allumer une cigarette; ils ne peuvent revendiquer à propos de ce qu'ils ont éventuellement versé au pot au cours de la première phase. Si vous avez participé au coup, qu'ensuite s'est vérifiée une éventuelle relance et que vous n'avez pas jugé opportun de participer au nouveau coup, il est clair que tout ce que vous avez mis au pot ne vous appartient plus: votre mise est allée grossir la masse qui reste à attribuer.

Donc, vous avez écarté et vous regardez les cartes que le donneur vous a servies. La phase finale est engagée: la parole revient à celui qui a ouvert ou, dans le cas d'un pot au blind, à celui qui suit le premier le blindeur et qui, naturellement, est dans le coup. Celui-ci peut avancer une nouvelle mise, mais peut aussi prendre son temps ou demander une trêve en disant "Chip!" ou "Parole!".

Voyons ce qui peut arriver en partant de l'hypothèse du chip, ce terme signifie, comme nous l'avons déjà dit, pour une proposition aux adversaires: "Messieurs, il me semble que le pot est assez important; je voudrais l'adjuger à celui qui pourra abattre le jeu le plus haut". Les adversaires accepteront la requête en disant "Chip!" à leur tour.

Si tous les adversaires participant au coup ont donné leur adhésion au chip, chacun abat son jeu, et c'est celui qui a le jeu le plus fort qui gagne. Dès lors, recommençons une nouvelle distribution. Cette résolution finale du pot se présente assez fréquemment. Mais, sur l'enjeu du joueur, chacun des autres participants au coup peut effectuer une relance: celui qui propose une mise, dans ce cas, se trouve face à l'éventualité que ses adversaires ne soient pas d'accord, et donc, devient automatiquement maître du pot, sans être obligé de montrer son jeu à qui que ce soit (il lui reste naturellement l'obligation de montrer l'ouverture, si le pot n'a pas été ouvert au blind, et si c'est lui qui a ouvert). Il va de soi que cette relance peut être suivie d'une contre-relance, et que si un ou plusieurs joueurs veulent la relance finale, c'est le possesseur du jeu le plus fort qui l'emportera.

Les mêmes considérations sont valables dans le cas où, pour ouvrir les hostilités, il n'y a pas eu simplement chip, mais plutôt mise: les autres peuvent alors voir ou relancer, et à la fin, ils découvriront leurs cartes.

Mais si un joueur dit: "Parole!", cela veut dire qu'il invite ses adversaires à marquer un temps d'arrêt. Dans le cas d'une acceptation, tout le pot sera attribué à la cave suivante, avec les cotisations de tous les joueurs qui n'avaient pas participé au coup. Il est clair que si deux joueurs, par exemple, s'étaient abstenus de participer au pot, ils n'avaient pas payé: dans le cas du pot de parole, les deux sont tenus de grossir la masse en versant une quote-part égale à celle qui a déjà été versée auparavant par les autres joueurs qui n'avaient pas participé à la constitution du pot de parole.

Donc, nouvelle distribution, avec un pot beaucoup plus fort, ouverture à un minimum de deux Rois, et en route sur la voie habituelle mais il faut préciser: celui qui dit: "Parole!" ne perd absolument pas son tour au jeu. Si le joueur suivant opte pour le chip ou avance une relance, celui qui a fait la parole initiale pourra voir le chip ou la relance, ou contre-relancer à son tour. Dans ce cas, la parole a été un expédient pour se mettre en condition de parler le dernier. Donc si vous vous êtes allié un jeu fort et que vous êtes le premier à parler, vous pouvez tranquillement dire parole si, par exemple, l'un de vos adversaires s'est déclaré servi, ou a effectué une relance pour demander ensuite deux cartes (donnant ainsi l'impression d'avoir un Brelan).

Ce Monsieur fera chip ou lancera une relance sur laquelle vous pourrez tranquillement relancer (ne vous fiez jamais au "tranquillement" au poker, il peut se présenter des circonstances désagréables et suffisantes pour infirmer votre conception de la tranquillité. Rappelez-vous toujours que votre raisonnement subtil et trompeur peut être prévu par votre subtil et trompeur adversaire).

Le risque que vous courez, en proposant la parole avec un jeu fort, est qu'un adversaire ultra-sensible s'en rende compte et ne rouvre pas le jeu, mais accepte la parole. Dans ce cas, il ne vous restera pas d'autre alternative que celle d'avaler votre beau jeu et d'espérer que le sort continue à vous assister dans le coup suivant. Le coup suivant est en effet celui où est attribué le pot de parole, qui est évidemment beaucoup plus important que les coups habituels. Même s'il est d'usage de diviser le pot de parole en deux ou trois pots d'un montant plus modeste, complétés seulement par ce que doit le donneur en sortie initiale.

Nous sommes donc parvenu à l'accord final et à l'attribution du pot, comme l'illustre le graphique suivant, qui part de la phase de l'écart et de l'acceptation d'entrer dans le coup

Le premier à parler n'a pas d'adversaires. Il s'adjuge le pot uniquement par le chip.	Celui qui relance le premier ne trouve personne pour le voir. Il s'attribue le coup.
Mise et relance acceptées. S'adjuge le coup celui qui a le meilleur jeu.	Pot de parole. L'attribution du pot est renvoyée au coup suivant.

Il convient ici de s'arrêter un peu et de vous inviter à des raisonnements que vous devrez apprendre à exécuter rapidement. Vous verrez que ce n'est pas aussi difficile que vous l'imaginez en ce moment.

Ce "rapidement" vous ramène au concept déjà exprimé de "relance immédiate", et vous éclaire, parce que, parmi les qualités du joueur de poker, vous avez compté aussi la promptitude des réflexes. Votre plan d'attaque, dans la phase finale du jeu, doit être conditionné par les diverses connaissances que vous aurez acquises au cours du coup.

En admettant que votre renonciation au coup n'est pas exclue (chose possible si, par exemple, vous avez "tiré" ou cherché à compléter une Suite ou une Couleur, sans y réussir; si ensuite l'un des concurrents à la poule s'est déclaré servi, il est évident que vous pouvez tranquillement laisser tomber le coup et jeter vos cartes), ceci admis, revenons à l'attaque.

Dans le champ conjectural, il n'y a pas de règles, mais seulement l'exploitation des situations d'après des notions acquises, ou même, peut-être, des préjugés. Pour l'instant, revoyons la phase finale d'un coup et quels sont les éléments importants que vous possédez pour juger. Y a-t-il eu une ouverture normale, et l'ouvreur a-t-il demandé trois cartes? Il est évident qu'il est en possession d'au moins une Paire. Etait-ce au contraire une ouverture au blind? Le blindeur qui a tiré trois cartes, peut avoir eu, au départ, lui aussi, une Paire de figures.

L'avant-dernier de main n'ouvre pas et ensuite participe au jeu en demandant une carte? C'est certainement (ou presque) qu'il projette de réaliser une Suite ou une Couleur, et il n'a sûrement pas deux Paires de figures ou deux Paires à l'As.

Le joueur qui a ouvert et qui s'est dit servi, fait chip? Il est sûrement servi (n'oubliez pas, en effet, que quelqu'un qui est servi peut quelquefois cacher un bluff). Le dernier joueur à parler, après le chip de ses adversaires, peut, au contraire, être plus facilement dépourvu d'un gros jeu.

N'oubliez pas qu'il est important que, lorsque vous prononcez la formule consacrée "Je vois!" ou "Pour voir!", vous êtes plus souvent vainqueur que vaincu.

En effet, tout le secret du poker est là: il faut plus souvent être "bons" ou avoir un point gagnant, et moins souvent battus. A la longue, en additionnant toutes les différences à votre actif, vous aurez un compte positif.

Ne vous imaginez pas pouvoir être toujours vainqueur du coup: avant tout, la chance et l'astuce de vos adversaires réduiront de beaucoup vos possibilités. C'est à vous, évidemment, de faire rendre le maximum à vos cartes, toujours avec l'aide de la chance. Si on vous présente un poker servi, sur un pot auquel personne ne participe, vous n'aurez pas eu de chance, tandis que vous en aurez eu si, avec trois As sur un pot de parole, un de vos adversaires avait trois Rois et l'autre trois Valets. Mais l'élément chance finit par s'équilibrer, et si vous avez un meilleur bagage technique que vos adversaires, alors vous serez gagnant.

Stratégie du bluff

Ainsi que nous avons commencé par le dire dans la *Préface*, savoir bluffer c'est l'art de faire croire à votre adversaire que vous avez un jeu (jeu fictif) plus fort que votre jeu réel.

Il est dangereux de bluffer dès le début de la partie, ou alors soyez sûr de vous ou ayez un bon jeu. Pourquoi est-ce risqué de bluffer d'entrée de jeu? Parce que si votre adversaire devine votre simulation, il n'hésitera pas à contre-bluffer sur vous, et ceci avec d'autant moins de scrupules qu'il sera bien servi en cartes.

Dans un premier temps, maniez le bluff avec prudence et circonspection, de crainte qu'on ne vous "découvre" trop vite. Mais, après une série de coups victorieux, commencez à bluffer un peu, tâtez le terrain adverse, surtout si vous sentez que votre vis-à-vis est quelque peu inhibé par vos succès antérieurs. D'ailleurs, vous pouvez vous le permettre: en admettant que vous soyez contré sur votre bluff, vous avez assez gagné jusque-là pour considérer votre perte comme de peu d'importance.

Ne bluffez jamais pour ouvrir un pot (c'est-à-dire quand vous n'avez pas l'ouverture): il y a des fantaisies qui se payent au prix fort. En effet, en supposant (au pire) que la ou les cartes nécessaires à l'ouverture ne vous "montent" pas en deuxième donne, vous serez obligé de "montrer" votre ouverture en fin de Pot (si vous gagnez). Mais comme vous ne l'avez pas (puisque vous avez bluffé sur l'ouverture), vous aurez à payer 7 fois la valeur des mises engagées dans le pot. Le bluff (de l'anglais *to bluff*, ruser, feinter) est ce jeu fictif que vous créez de vos propres mains quand le sort est rebelle et vous l'a refusé, et que bluffer, c'est précisément exercer cette possibilité qui est offerte par le jeu. Jusqu'à maintenant, nous avons vu qu'un joueur qui s'est déclaré servi et qui, ensuite, après votre accord, a relancé, était en possession d'un Full ou d'une Couleur. Vous l'avez toujours cru et n'avez jamais accepté sa mise, craignant, à juste raison, de perdre de l'argent parce que vous étiez en possession d'un jeu inférieur.

Mais qu'est-ce qui pouvait empêcher votre adversaire de se déclarer servi, de se comporter comme s'il avait un jeu fort, de relancer et de "vous faire fuir" (ou bien d'adhérer à sa relance en ayant en main deux petits 7, ou encore moins)? De "bluffer" en d'autres termes? L'arme du bluff est une grande ressource offerte au joueur de poker qui, exploitant les grands dons de la psychologie (vous rappelez-vous que la psychologie aussi était citée comme élément de base dans la formation d'un bon joueur?), peut aider les audacieux. Le poker est pratiquement le seul jeu (ou presque) dans lequel l'apport de bonnes cartes n'est pas décisif. D'accord, beaucoup d'autres jeux prévoient comme correctifs l'habileté et l'expérience, et parmi eux, en premier lieu, le noble bridge; mais dans chaque jeu un débutant, sans expérience, assisté par les dieux, pourra battre un champion, avec la seule exception du poker, où ceci se vérifie beaucoup plus rarement.

Le bluff, pour revenir à notre propos, est difficile à faire, non en substance — parce que faire un bluff suffit pour relancer sans avoir de jeu — mais dans la forme. Ceci ne veut pas dire qu'un bluff improvisé, lorsqu'on saisit un instant d'indécision dans les yeux ou dans le comportement de l'adversaire, puisse donner de très bons résultats. Il ne suffit pas de faire une très forte relance; au contraire, ce genre de comportement pourra éveiller les soupçons d'un joueur attentif aux nuances; n'oubliez pas que si vous avez un bon jeu et que vous avez donc intérêt à "être vu", vous relancez de manière à séduire votre client éventuel: une forte relance peut mettre l'ennemi sur ses gardes. Vous pouvez relancer très fort si vous avez vraiment un jeu très bon, en vue de faire croire à votre adversaire que vous bluffez.

Il est bien évident que dans le domaine du bluff, que ce soit pour l'effectuer ou l'éventer, on ne peut énoncer la plus petite règle. Pourtant, c'est une erreur que de s'abandonner au bluff quand on est en déveine, en face d'adversaires joyeux, prompts à la défense, qui voient que vous traversez un mauvais moment, et sont justement en train de penser que vous ruminez une idée de bluff pour redresser votre barque qui prend l'eau: ils demeurent sur leurs gardes.

Si, au contraire, vous avez un beau "passé" de coups, si vous abattez continuellement des Suites et des Brelans, si vous relancez presque chaque fois que vous êtes entré dans un coup, vous aurez créé chez l'ennemi un climat de méfiance vis-à-vis de ses propres cartes: l'adversaire sera fatigué par cette hémorragie de jetons, et deviendra méfiant parce qu'il ne remporte jamais un coup. Donc, tenez pour bonne la règle suivante: bluffez au bon moment. Ensuite, bluffez surtout contre les perdants: je ne suis pas sûr d'être en train de vous apprendre à être lâche, mais il est certain que le jeu de poker ne sympathise pas avec la clémence.

Vous pouvez aussi respecter le perdant et ne pas vous acharner contre lui, mais n'attendez pas de lui qu'il se conduise de même avec vous quand ce sera son tour d'avoir le dessus. Ne bluffez pas contre celui qui a peu de jetons: il pourrait être induit à sacrifier le peu qu'il possède, en secouant la tête et en affirmant que... tellement qu'il doit se recaver. Bluffez contre l'avare qui est en train de gagner: celui qui ne risque rien hors de son terrain pour découvrir un éventuel bluff, mais préfère maintenir le *statu quo*. Au contraire, ne bluffez pas contre les prodigues, pour le motif contraire; et pas plus contre les violents, les impulsifs et les curieux (ceux qui ont éventé tous les bluffs tentés contre le leur en payant dix fois plus que ce qu'ils ont gagné pour voir tous les plus gros jeux de la table).

Bluffez contre les timides et contre ceux qui jouent d'une manière un peu limitée, par nature, ou par crainte de s'exposer à de grosses pertes.

Bluffez plus facilement sur de petits pots: il y aura dans l'air un certain désintérêt qui vous facilitera la tâche. Si le pot est très important, les adversaires seront plus attentifs et plus disposés à faire un sacrifice. Et tenez toujours compte du fait que ces petites règles à propos de l'opportunité de bluffer, à des moments déterminés ou contre certaines personnes, vos adversaires les connaissent aussi bien que vous. Si, par hasard, vous avez commencé un bluff, et que vous vous trouvez en face de relances et de situations difficiles à résoudre, eh bien! alors, abandonnez votre idée. Vous aurez, petit à petit, votre temps pour préparer un nouveau piège. Peut-être vaut-il mieux démarrer avec un bluff quand on est parmi les premiers à parler.

Relancer, après que les adversaires ont dit "Parole!", puis éveiller les soupçons de quelqu'un qui pense que vous voulez facilement vous rendre maître d'un pot sur lequel il n'y a justement pas un jeu très fort.

Si un bluff ne vous réussit pas, n'en faites pas un autre, tambour battant: ne vous laissez pas écraser par le ressentiment.

Un coup de perdu? Patience: vous avez encore des années de jeu devant vous. Comment imposer un bluff? Il est clair que vous devez donner à l'adversaire l'impression que vous avez un bon jeu: ainsi, si vous relancez et que les adversaires restent dans le coup, lorsque c'est votre tour de demander des cartes, vous devez en écarter deux, pour faire croire que vous avez un Brelan, ou bien que vous êtes servi. N'oubliez pas qu'en tirant deux cartes, vous pouvez quand même améliorer réellement votre jeu.

Vous pouvez bluffer en relançant, ou encore, plus audacieusement, en contre-relançant: après cela, tout dépend du hasard. N'oubliez jamais que vous devez jouer, quand vous bluffez, exactement comme si vous aviez un bon jeu que vous êtes désireux d'exploiter, et vous aurez beaucoup de participants au coup, avec la variante que, dans la phase finale, vous devez vous débarrasser de vos adversaires sans qu'ils "voient" votre prétendu jeu.

Le poker est un jeu d'audace, et votre bluff peut se faire même contre un joueur qui s'est déclaré servi. Essayez un peu de vous mettre à sa place: il a une petite Suite, avec laquelle il a relancé: vous êtes resté en jeu, vous avez changé deux cartes, et ensuite, sur son pot, ou sur sa petite relance, vous avez contre-relancé. Vous avez pu facilement recevoir un Full, ou même un Carré. Que lui reste-t-il à faire, s'il est prudent? Il doit passer.

Et vous, vous serez maître d'un meilleur pot sans rien avoir en main. Le revers de la médaille, c'est qu'au contraire, votre adversaire à la petite Suite, ne vous croie pas et en arrive à voir votre jeu, ou bien que ce que vous croyiez être une petite Suite soit au contraire un Full élevé. Mais c'est là l'un des inconvénients du jeu.

Vous pouvez faire un très bon bluff en clôture, si vous avez fait un "pot" sur le premier à parler et qu'ensuite vous avez contre-relancé sur la relance de celui qui venait après vous.

C'est l'un des bluffs les plus vraisemblables. Ne faites jamais un bluff de relance trop modeste sur un bon pot. Il se trouvera souvent un adversaire pour vouloir contrôler, surtout s'il est attiré par le fait qu'il doit soutenir une très petite dépense pour satisfaire une curiosité. Tout ce qui a été dit à propos du bluff, est valable également pour le contre-bluff: de quoi s'agit-il? C'est une relance que vous faites, sans avoir de jeu, sur la mise d'un adversaire que vous soupçonnez, pour des raisons personnelles, être en train de bluffer. Pour faire un contre-bluff, il faut être suffisamment sûr de soi: on obtient le maximum de certitude en voyant les cartes de l'adversaire. Maintenant, il peut se faire que votre ennemi n'ait pas l'habitude de montrer si facilement ses cartes, et que votre certitude soit très relative. Il y a évidemment exception pour le joueur qui se mouche, ou met l'auriculaire dans son nez quand il est en train de bluffer (et alors, non seulement, c'est stupide, mais c'est aussi mal élevé). Et ainsi, bluffez prudemment, et contre-bluffez avec grande prudence.

Bien, maintenant, vous savez certaines choses, plus qu'il n'en faut pour vous permettre de vous asseoir à la table. Mais nous devons revenir sur un sujet à compléter et à clarifier.

Le jeu au reste

Dans le jeu au reste ou "à caisse fixe", vous ne pouvez jamais perdre plus que ce que vous avez dans votre cave devant vous. Quels sont les avantages du jeu au reste?

Déjà, au début du coup, vous savez que vous ne pouvez perdre plus que ce que vous avez devant vous. Et si vous n'êtes pas en veine, c'est un avantage certain, même s'il consiste à vous limiter une perte au lieu de vous augmenter un gain (ce qui est ensuite la même chose, si vous y réfléchissez bien). Si, à la table, il y a des joueurs dont les possibilités économiques sont différentes, le jeu au reste met tout le monde à un même niveau. Avec le jeu à caisse libre, le millionnaire de la table peut toujours vous obliger à abandonner le coup, par le mécanisme de la cascade ou de l'escalade des relances: dans le jeu au reste, cela lui est impossible.

Dans le jeu au reste, tous les joueurs partent avec le même nombre de jetons: il va de soi que, lorsqu'un joueur perd sa poule, il peut en acheter une ou plusieurs (et ceci, toujours dans l'intervalle entre deux coups: on ne peut acheter une poule au milieu d'un coup, ce serait vous priver de ce mécanisme de sécurité que l'on doit justement faire fonctionner avec le jeu au reste).

Le joueur qui, au début du coup, a devant lui une contre-valeur de jetons inférieure au pot (qui, dans les pots de parole, est considérablement augmentée), est obligé de demander une nouvelle poule. Le caissier aussi, lorsqu'il se rend compte de la situation, est tenu de la verser. Dans ce cas, et seulement alors, l'acquisition de la cave est admise.

Celui qui épuise son reste dans la première phase du jeu participe également au jeu, jusqu'à la fin.

Si un adversaire relance, en disant, par exemple "Dix mille!", et que vous ne puissiez pas mettre plus de sept mille pour voir, si vous gagnez, vous ne pouvez prétendre aux dix mille de votre adversaire, mais seulement aux sept mille que vous avez devant vous. Il est bon de dire: "Je vois avec mon reste", en vous réservant de le compter si vous gagnez. Si vous perdez le coup, vous pouvez aussi bien vous ménager cette fatigue.

Au cours de la partie, le reste ne peut jamais, et en aucun cas, être diminué (ainsi, vous ne pouvez rendre des caves au caissier si vos affaires se sont améliorées).

Psychologie du joueur

Maintenant, vous savez presque tout des mouvements de jeu qui règlent la partie. Sachez cacher votre jeu, sachez relancer en bluffant. C'est déjà un bon bagage technique, mais ce n'est pas suffisant. Nous devons dire un mot, et nous y avons déjà souvent fait allusion, de la psychologie du jeu, de celle des joueurs, et de leur comportement autour de la table, ceci au sens le plus large, c'est-à-dire aussi bien dans la manière de conduire le jeu que sur le plan général de l'éducation et du savoir-vivre. Avant tout et en toutes circonstances, vous devez rester calme et serein. Si vous avez des problèmes qui vous angoissent, des ennuis familiaux et, naturellement, si vous ne pouvez pas jouer sans y penser, dans ce cas, abstenez-vous de jouer et allez vous promener au Bois de Boulogne.

Si vous avez une certaine maîtrise de vous-même et la tranquillité que donnent des nerfs détendus, partez gagnant. Cela vous permet en effet d'une part d'observer chaque détail et d'en tirer profit, et d'autre part de ne jamais vous trahir de quelque manière que ce soit. Si vous êtes calme et que les cartes "ne donnent pas", ne vous inquiétez pas. Sachez que le jeu tourne et que vous aurez du jeu à votre tour. Et si, d'aventure, ceci ne devait pas se vérifier (et c'est possible), à la fin de la partie, vous vous lèverez de la table, en ayant perdu, certes, mais moins qu'un autre joueur qui, dans la même situation que vous, se sera laissé aller à une émotivité hors de propos. N'oubliez pas ceci: le poker est un jeu, et rien de plus: ne vous mettez pas en colère si vous n'avez pas de bonnes cartes. Subissez avec stoïcisme tous les coups, et cherchez le mieux possible à y porter remède.

N'ayez pas de gestes de découragement, de grimaces de désillusion et tâchez aussi de ne pas laisser apparaître votre joie quand vous avez un bon jeu. Par contre, observez vos adversaires, même quand vous ne participez pas à la partie. Vous êtes-vous jamais demandé pourquoi les joueurs n'apprécient pas, au voisinage de la table, la présence de personnes qui ne font pas partie du jeu? La première raison, naturellement, est la réputation de jeteurs de sorts de ceux qui entourent certains individus, et qui répond très souvent à la vérité; la seconde est due au fait qu'ils supportent mal d'être observés.

Les textes sacrés veulent aussi que vous ne buviez pas d'alcool en jouant. Nous serons moins draconien. Limitez-vous à ne pas vous enivrer follement, et buvez ce que votre organisme supporte habituellement. Si à toutes ces notions, qui doivent être acquises, vous pouvez ajouter l'intuition, la quintessence de la déduction, la perception extra-sensorielle, qui peuvent vous être innées, alors, vous serez un bon joueur de poker.

Donc, il y a un joueur qui a une veine effrontée? Celui-ci ferme le jeu à tous les coups auxquels il participe avec des intentions d'autant plus fantaisistes qu'elles se réalisent ponctuellement? (Vous savez, méfiez-vous des chanceux, ceux qui vous expliquent qu'ils sont partis avec un As, un Roi, une Dame et ont tiré deux As, ou bien un Valet et un 10, réalisant un Brelan d'As ou une Suite! Race horrible!). Ainsi, suivez ce conseil: ne vous obstinez pas à engager le fer contre ceux qui ont de la chance au jeu, ou alors assurez-vous que vous avez une bonne combinaison.

Ensuite, si ce sont tous les autres qui ont de la chance, alors, il ne vous reste plus qu'à jouer à perdre votre temps, à jeter la balle hors du champ comme on dit en jargon de football. Il est évident que le jour de votre jugement est arrivé et vous devez vous en sortir en limitant les dégâts. Ne participez jamais au coup, ne faites pas de blind et ne jouez pas, à moins d'être vraiment bien nanti, si vous avez un Carré de Valets, par exemple. Evidemment, n'ouvrez jamais si vous êtes ouvreur, parce que infailliblement, vous subirez une relance que vous ne pourrez soutenir, et ne relancez pas non plus avec un petit jeu (avec une exception, comme nous l'avons déjà dit, pour le Carré de Valets). Si vous avez la possibilité de faire parole, dites-le aussi avec un point en main: votre chip éventuel déclenchera un flot de relances. Avec ces règles élémentaires de prudence, vous serez en mesure de limiter vos pertes d'une manière qui vous étonnera. En outre, que pouvez-vous obtenir en observant scrupuleusement ces règles de prudence?

La fatigue de l'adversaire qui ne se verra pas récompensé comme il se doit du beau jeu qu'il est en train de mener, son irritation devant votre défense obstructive, et surtout, l'écaillage inexorable, certes, mais très lent, de votre cave, et une rapidité de dissolution plutôt inférieure à celle qui est raisonnablement prévisible dans des situations comme celle qui a été décrite.

Si vous avez des adversaires stoïques, ils ne trahiront pas la moindre nervosité, mais si votre ennemi est fragile, il pourra aussi prêter le flanc. Peut-être, dans ces deux cas, pouvez-vous tenter de lancer à bloc votre estocade. Un rayon de soleil dans une nuit obscure, d'accord, mais pas pour autant une mauvaise nouvelle. Il pourra aussi arriver que le sort tourne subitement le dos à celui qu'il avait jusqu'alors protégé avec bienveillance. Ne vous faites pas trop d'illusions à ce sujet, mais considérez aussi que tout est possible, dans la vie et au poker. Et que la malchance n'est pas éternelle. Il n'existe pas pour autant que des joueurs éternellement malchanceux: il n'y a que des joueurs qui continuent à mal jouer et à ne pas exploiter le moment favorable.

Bien, nous avons parlé de votre mauvaise période. Il se peut aussi que ce soit le contraire. Dans cette phase favorable, les lacunes du joueur se remarquent moins. Quand les choses vont bien, beaucoup se transforment sans difficulté en joueurs habiles et exploitent leur jeu, bluffent au bon moment et éventent les autres bluffs avec assurance. En veine, vous devez vous comporter d'une manière absolument opposée à celle qui est prévue pour la période de guigne noire. Donc, jouez toujours, avec n'importe quel jeu, bluffez, voyez les relances de vos adversaires, et ainsi de suite.

Attentif cependant à ne pas subir l'irritation de l'habile joueur qui, dans la poisse, cette fois, cherchera à encaisser votre offensive en essuyant le moins de dommages possible, comme vous vous agissiez en période de vaches maigres.

On ne peut donner beaucoup de conseils pour prolonger un état de grâce: cherchez à ne pas faire d'erreurs, à cause du caractère impondérable des cartes.

A une table où tous les joueurs sont en acier, il est évident que c'est celui qui aura le plus de chance qui gagnera. Des tables de ce genre sont cependant complètement irréelles. Il y aura toujours des joueurs malchanceux, qui se font ponctuellement écraser par les plus forts et qui doivent faire les frais tout au long de l'année (excepté, évidemment, quelques légitimes et sporadiques victoires).

Faire une classification de tous les joueurs malheureux est une entreprise ingrate. Dans l'immense gamme des perdants, toutes les catégories sont représentées: leurs défaites successives mènent inexorablement à la déconfiture. Un grand nombre de ces perdants peuvent s'améliorer avec le temps, se corriger et peut-être passer dans la catégorie des gagnants, mais la grande majorité reste dans un marais stagnant, dans des limbes dont la couleur, inévitablement leur fait mettre la main au portefeuille à la fin de la partie. Dans ce groupe, il y a les avares et les prodigues, les prudents et les imprudents, les timides et ceux qui sont trop audacieux; les résignés et les violents; toute une gamme de personnalités. Même si l'on n'est qu'un obscur débutant, ce n'est qu'en jouant que l'on peut affiner les astuces qui, demain, serviront à gagner, que l'on peut apprendre à saisir le moment fugitif où il est bon de tenter un bluff, que l'on peut classer les joueurs et trouver une nouvelle tactique d'attaque contre chacun d'eux. Votre adversaire, plus chevronné que vous, vous réservera mille surprises, de la plus agréable à la plus amère, mais ce n'est qu'ainsi que vous pourrez vous cuirasser et vous défendre à votre tour dans l'avenir.

Le savoir-vivre

En ce qui concerne la manière de se conduire au poker, nous devons dire qu'il sera suffisant de respecter cette règle d'or: ne faites pas aux autres ce que vous ne voudriez pas qu'ils vous fassent.

Par exemple, si la présence de quelqu'un, dans votre dos, vous dérange, pensez que votre présence peut ne pas être agréable à un autre joueur. Le comportement et la technique de jeu sont des prérogatives dont chaque joueur est jaloux. Si quelqu'un, en jouant contre vous, découvre votre point faible, patience. C'est un de vos adversaires et il est dans son droit, mais si quelqu'un s'installe confortablement derrière vous et observe votre jeu, vos manières, vos erreurs, vos tics, dans ce cas il est normal que cette présence finisse par vous fatiguer. Il va de soi que le bavard agressif ne doit pas faire d'observations sur le comportement des joueurs, ni commenter leur manière de jouer. En conclusion, méfiez-vous des joueurs expérimentés et ne vous laissez pas influencer défavorablement par la personnalité plus ou moins supportable, plus ou moins agressive de tel ou tel de vos adversaires.

Celui qui se retire provisoirement de la partie ne doit donner son avis que si ceux qui sont à la table le lui demandent. Il ne peut pas toucher aux cartes, ni regarder les écarts ou aller voir le jeu d'un joueur, ou raconter des histoires pendant le déroulement d'un coup. Celui qui participe au jeu a beaucoup d'obligations, dues en partie à la courtoisie dont il doit faire preuve vis-à-vis de ses autres partenaires, et en partie à l'éthique du jeu, qui est plutôt sévère.

N'oublions pas que le jeu a toujours été considéré comme une chose sérieuse et importante, même si c'est une contradiction évidente dans les termes, que le jeu soit sérieux.

Celui qui participe à la partie doit connaître, outre les règles générales du poker, les usages, les habitudes, et ainsi de suite.

L'une des règles de base est que l'on doit toujours attendre son tour pour parler, pour relancer et même pour jeter ses cartes. Il est certain que si vous êtes resté seul dans un coup contre un joueur, et que le coup, après votre acceptation, n'a plus aucun intérêt pour vous, vous pouvez jeter vos cartes sans attendre. Dans ce cas, vous n'aurez gêné personne. Mais en règle générale, vous devez strictement attendre votre tour de parler. Vous ne pouvez évidemment regarder les écarts des autres joueurs (tandis qu'il vous est toujours permis de songer aux écarts que vous pouvez faire).

L'abus des expressions de joie ou de découragement est sévèrement condamné: si vous lancez des expressions de jubilation ou de douleur, peut-être dans le but d'induire l'adversaire en erreur, cela tombera dans le cadre de la tentative d'escroquerie et vous rabaissera, du même coup, dans l'estime de vos compagnons de jeu.

L'ouverture minimale d'un pot sera toujours et automatiquement montrée à la table, même dans le cas où ce n'est pas demandé explicitement. Votre jeu étalé sera déposé sur la table de manière visible, en détachant les cartes les unes des autres pour ne pas obliger celui qui a payé pour voir votre jeu à s'abîmer les yeux. Les cartes pourront être entassées uniquement lorsque les intéressés les auront vues et auront donné leur accord tacite. Le jeu sera déclaré exactement: l'habitude de beaucoup de déclarer trois As, pour ensuite découvrir un Full si un adversaire déclare une Suite, est à retenir comme incorrecte et est tenue pour un artifice agaçant de la part de l'adversaire. Ce n'est pas le jeu que vous prétendez avoir qui est le bon, mais uniquement celui que vous devez étaler sur la table quand vos adversaires ont payé pour vous voir. En tout cas, il n'y a aucune raison de montrer un jeu fort à tempérament, en donnant des illusions à un adversaire qui croit avoir gagné le coup. L'intervention d'un des joueurs, dans des cas de ce genre, pour en souligner l'incorrection, est toujours bien vue à la table. Nous reconnaissons que les incorrects ont la peau dure, mais en les reprenant, on arrive parfois à les atteindre.

Quand vous avez procédé à l'écart et reçu les cartes, vous ne pouvez, en aucun cas, même si, visiblement, vous vous êtes trompé, changer les cartes de l'écart et les remplacer. Vous devez payer votre erreur sans faire aucune exception. On ne peut demander à un joueur combien de cartes il a écartées.

Il est inutile (même si parfois cette légitime curiosité est tolérée) d'aller voir "ce que vous auriez fait si vous aviez joué": quand vous avez renoncé, le fait de savoir qu'en jouant vous vous seriez allié un Carré ne peut vous être d'aucune consolation; au contraire, cela peut vous agacer. Le fait de voir des joueurs s'agiter, se balancer et tendre le cou pour voir quelle carte a prise le joueur qui vient après eux, ou encore de se jeter sur les cartes restantes, les arrachant aux mains du donneur, toujours dans le but de voir quel aurait pu être leur jeu, amène alors un ralentissement du jeu. N'oubliez pas que la table idéale de poker serait celle où l'on n'entendrait pas d'autres paroles que "J'ouvre!", "Je vois!", "Suivi!", des relances et des contre-relances laconiques. Evidemment, c'est trop demander: quelques mots de temps en temps ne troublent pas, diminuent peut-être une tension qui s'est créée, et contribuent à alléger une atmosphère trop pesante. Mais de là à avoir un bavard à la table il y a une marge. Un juste milieu est agréable à tous.

Jurer que l'on avait un certain jeu n'est pas chose bien acceptée à la table. Si quelqu'un veut faire voir son jeu, sans qu'on le lui ait demandé, il peut le faire en montrant ses cartes, et non en jurant à la ronde qu'il avait un Carré en main.

Rappelez-vous aussi que si vous vous trouvez, une fois avec six cartes en main après l'écart, vous perdez le droit de participer au jeu et à toutes les phases qui en découlent: au contraire, si vous n'avez que quatre cartes, vous pouvez les conserver.

Il est de bonne règle d'exiger toujours la plus rigide application du règlement ou des conventions adoptées (et le donneur doit y veiller). D'éventuelles dérogations peuvent quand même être accordées amicalement, mais présentent toujours le risque qu'après un certain temps, on puisse répéter la même situation irrégulière, mais dans un sens inverse par rapport aux joueurs, et que cette fois, le bénéficiaire de l'erreur n'entende pas renoncer à son avantage. Ceci pourra créer des désaccords qu'il vaut mieux éviter en appliquant le règlement du jeu.

Il va de soi qu'on ne peut regarder les cartes de son adversaire: c'est un règle élémentaire que d'avertir celui qui, éventuellement, tiendrait ses cartes trop en vue, de faire plus attention et de ne pas découvrir son jeu.

Il existe des gestes peu appréciés, comme celui de compter sans arrêt ses jetons, celui de s'éloigner carrément de la table pour un moment, celui de contrôler ostensiblement les mises.

Il ne faut jamais vous plaindre. Ceci est tout à fait indifférent aux adversaires, et même visiblement ennuyeux. Etant donné que personne ne vous rembourse les pertes et que ce n'est pas la mutuelle des poissards, il vaut mieux attendre la fin de la partie pour aller pleurer à la maison. Sans compter que beaucoup de pleureurs se refont dans la dernière heure du jeu, et ceci, selon certains superstitieux, arrive vraiment grâce aux larmes qu'ils ont versées au cours de la première heure, et qui leur ont porté bonheur. Si vous êtes bien parti sur un coup, ne commencez pas à danser en signe de victoire.

N'expliquez pas vos coups, ni votre technique aux écarts. Si vous avez "eu" un adversaire au bluff, contentez-vous de ramasser les mises sans faire de commentaires ironiques, ou, pire, venimeux. Le bluff est absolument permis par le règlement: si vous êtes assez fort pour l'avoir compris, nous vous tirons trois fois notre chapeau en signe de respect. Un comportement encore pire consiste à montrer que l'on se moque de son propre bluff quand on l'a réussi.

Bien, il y a encore beaucoup de choses à dire, probablement assez pour écrire un autre livre en entier. Pour le moment, nous espérons que ce manuel de notions est suffisant pour faire de vous des joueurs convenables. A la table, soyez honnête et courtois, et vous verrez que vous serez un joueur bien accepté à toutes les tables, même si vous jouissez d'une réputation de vainqueur.

Le calcul des probabilités

Nous nous sommes déjà bien avancé dans l'explication du jeu, et nous sommes certain que, désormais, vous savez tout: jouez avec audace ou avec prudence, mais en suivant toujours votre instinct: et vous ferez bien, car le poker est un jeu d'intuition.

Mais il convient de vous parler, brièvement, du calcul des probabilités: c'est un élément accessoire du jeu, mais dont on ne devra pas faire abstraction. Evidemment, il n'est pas question que vous perdiez vos nuits sur des nombres obscurs, d'autant plus qu'il est très vrai que l'on ne peut réduire le jeu à une pure opération mathématique, mais il est pourtant vrai aussi que jouer systématiquement contre un seul adversaire, en ayant en main une possibilité de Couleur, amène à une perte sûre. La raison, je vais vous l'expliquer facilement, ici, tout de suite.

Les distributions possibles

Quand on a cinq cartes en main, voici les distributions possibles:

avec un jeu de 52 cartes	2 600 000
avec un jeu de 36 cartes	377 000
avec un jeu de 32 cartes	201 000
avec un jeu de 28 cartes	98 000

Passons maintenant à un autre tableau, un peu moins inutile: . nous y avons les différentes combinaisons possibles quand vous avez reçu cinq cartes.

Carte	52	36	32	28
Paire	337 000	86 000	53 000	30 000
Double paire	125 000	36 000	23 000	15 000
Brelan	55 000	17 000	12 000	7 000
Suite	10 000	6 000	5 000	4 000
Full	3 700	1 700	1 300	1 000
Couleur	5 000	480	220	70
Carré	620	290	200	170
Quinte floche	40	24	20	16
Possibilité de Suite	90 000	31 000	20 000	12 000
Possibilité de Couleur	111 000	14 000	12 000	7 000

Si maintenant nous cherchons combien il existe de chances d'obtenir une combinaison déterminée, comme une Paire ou un Brelan par exemple (avant l'écart), nous voyons les différentes probabilités dans la table qui suit:

Carte	52	36	32	28
	une fois sur	une fois sur	une fois sur	une fois sur
Paire de figures	8	4	4	3
Double paire	21	10	8	7
Brelan	47	23	20	16
Suite	254	62	40	24
Full	694	218	150	97
Couleur	508	785	987	1 445
Carré	4 165	1 310	900	585

Carte	52	36	32	28
	une fois sur	une fois sur	une fois sur	une fois sur
Quinte floche	65 000	16 000	10 000	6 100
Projet de Suite bilatérale	28	12	10	8
Possibilité de Couleur	23	17	30	33

Et à présent, sachez que, en jouant à cinq, on attend un Brelan une fois sur 23: mais ne mettez pas notre parole en doute sous prétexte que votre adversaire de gauche a un Brelan une fois et pas la suivante, tandis que vous, vous n'avez jamais plus de deux Paires. Ceci fait clairement partie de votre possibilité de malchance. Nous allons maintenant considérer les probabilités que vous avez d'améliorer votre jeu au moment de l'écart: ceci s'apprend en consultant le tableau suivant:

cartes		52	36	32	28
points servis	s'améliore à	une fois sur	une fois sur	une fois sur	une fois sur
Paire	Double paire	6	4,5	4	4
	Brelan	8	6	5,5	5
	Full	93	41	31	23
	Carré	360	155	117	85
Double paire	Full	12	8	7	6
Brelan	Full	12	8	7	6
	Carré	24	16	14	12
Possibilité de Suite	Suite	6	3,9	3,4	2,9

cartes		52	36	32	28
points servis	s'améliore à	une fois sur	une fois sur	une fois sur	une fois sur
Possibilité de Suite	Suite	12	8	7	6
Possibilité de Couleur	Couleur	5	6	7	8

Examinons maintenant un dernier tableau qui prévoit les possibilités d'améliorer le jeu quand on effectue un écart, ou encore en gardant une carte quelconque d'appui pour la Paire ou le Brelan qui peuvent être servis.

cartes servies	s'améliore à	52 une fois sur	36 une fois sur	32 une fois sur	28 une fois sur
une Paire	Double paire	6	4	3,5	3
	Brelan	13	9	8	7
	Full	100	52	39	28
	Carré	1 080	460	350	250
un Brelan	Full	16	10	9	8
	Poker	47	31	27	23

Evidemment, nous avons arrondi les chiffres pour plus de commodité, mais, même ainsi, vous ne pouvez certainement pas tout garder en mémoire, d'autant plus que vous avez envie de jouer. Voyons comment utiliser ce tableau que j'ai illustré par des exemples, et comment en tirer certaines indications utiles. Observez, par exemple, comment, au fur et à mesure que le nombre de cartes augmente, augmente aussi la probabilité d'avoir une Couleur: avec un jeu de 52 cartes, il est vraiment plus facile d'avoir une Couleur servie qu'un Full: nous sommes d'accord que ceci est intuitif et que vous auriez pu le faire sans la table, mais cherchez à vous la rappeler quand vous aurez un projet de Couleur et que vous serez à quatre pour jouer: vous joueriez à un contre sept, vous ne pourriez certainement pas gagner en persistant.

Ceci est pure statistique, science qui ne peut évidemment tenir compte du fait que vous êtes "en éruption", ou que votre adversaire est en déveine. Mais si nous traitions raisonnablement la question, nous verrions qu'en jouant à cinq, si l'on a une possibilité de Suite, nous pourrions l'améliorer pour obtenir la Suite une fois sur 3,9. Vous comprendrez aisément qu'il n'est pas avantageux de tabler sur une possibilité de Suite contre un seul adversaire: le mieux est qu'il y en ait quatre à participer au jeu, mais ce n'est pas toujours prévisible. Si vous êtes le dernier à décider de participer ou non au jeu, il est de bonne règle de ne pas jouer si vous projetez une Suite ouverte des deux côtés et si votre seul adversaire est celui qui a ouvert le jeu, ou alors de faire le blind.

Mais poursuivons au sujet des tableaux, très ennuyeux, mais pas inutiles. Ce chapitre sur le calcul des probabilités est de ceux qui se lisent au cours d'une journée pluvieuse, quand la Télevision est en grève et que l'on n'a pas envie de sortir acheter un journal: si le cas devait se présenter pour vous à l'âge mûr, vous auriez au moins la consolation de savoir pourquoi votre carrière de joueur a été une succession d'insuccès. En contrepartie, il y a l'assimilation de ces tableaux lorsqu'on est jeune: vous pouvez vous enrichir, autant que si vous faisiez une bonne carrière, si vous donnez au jeu une place très importante dans vos loisirs.

Considérez ce tableau, dont l'interprétation vous montrera que (toujours en ayant comme modèle la partie avec 36 cartes) dans chaque coup, il y a environ trois joueurs qui participeront probablement; en effet, sur cinq joueurs dans le coup:

— 1,32 n'ont pas (raisonnablement) la plus petite possibilité de jouer;
— 1,14 ont en main une Paire de figures;
— 1,72 ont en main une possibilité de Paire mineure;
— 0,80 a en main une Double paire ou un point supérieur.

Si vous avez regardé attentivement les tableaux, vous vous êtes certainement fait une idée de l'avantage qu'il y a d'accepter ou non une mise et de participer ou non au pot. Que la considération selon laquelle ce sont des principes mathématiques qui n'ont rien à voir avec la chance ou la déveine soit bien claire: ils ont la même valeur que les tables de combinaisons à la roulette, irréprochables du côté statistique, mais pouvant mener à la ruine celui qui s'en sert systématiquement. N'oubliez jamais que, après que le noir se soit répété sept fois consécutives, la probabilité que le rouge sorte au huitième coup, est exactement de 1 sur 2.

Après avoir insisté sur ce concept, qui n'infirme certainement pas la validité de la théorie, nous allons voir ce que peut avoir en main l'adversaire après l'accord. La table tient également compte du nombre des participants au coup. Il est évident que plus il y a de gens qui entrent dans le pot et plus grandes sont les probabilités que ces joueurs aient un bon jeu et gagnent la partie. D'où l'habitude de relancer dans la première partie du jeu pour exclure du coup un plus grand nombre possible de participants.

Nous voyons alors qu'il peut arriver qu'après avoir suivi, un joueur possède:

adversaires	un	deux	trois	quatre
au moins deux Paires	50%	80%	91%	96%
au moins un Brelan	29%	50%	64%	75%
au moins une Suite	15%	28%	39%	48%
au moins un Full	8%	15%	21%	27%
au-delà du Full	2%	5%	7%	9%

A partir de cette table, on peut facilement déduire que, par exemple avec une Suite ou un Brelan d'As, contre trois adversaires, on gagne six fois sur dix; avec un Full, contre quatre adversaires, on gagne sept fois sur dix; avec une Couleur, contre un seul adversaire, on gagne quatre-vingt-dix-huit fois sur cent.

C'est tout, ou presque: il peut aussi être utile de jeter un coup d'œil au rapport entre le Brelan et la Suite, et entre le Full et la Couleur.

Il est d'usage, à certaines tables, de donner à la Suite une valeur inférieure à celle du Brelan: il s'agit d'une dérogation à la règle qui peut être acceptée, mais qui est contraire aux principes mathématiques. La Suite servie se présente avec une fréquence de 1 à 3 par rapport au Brelan servi: en réalité, il est légèrement plus facile de s'allier une Suite fermée plutôt qu'un Brelan, avec une Paire. Le rapport, dans ce cas, est de 8 à 7.

Dans le cas d'un Full ou d'une Couleur, nous devons avant tout préciser que les chances d'avoir une Couleur servie plutôt qu'un Full servi ont un rapport de 1 à 3. Les partisans du fait que le Full est supérieur à la Couleur pensent à la phase finale du jeu. En effet, et les tables le démontrent clairement, s'allier une Couleur en partant avec quatre cartes de la même Couleur peut être plus facile que s'allier un Full en partant avec une Double paire. Le principe auquel on se tient, est évidemment celui-ci: la règle est la règle, et donc, la Suite est supérieure au Brelan, la Couleur supérieure au Full.

Les variantes

Désormais, vous connaissez le poker: continuez à le pratiquer jusqu'à ce que vous soyez complètement maître de toutes les finesses du jeu (si, naturellement, vous n'avez pas perdu tout votre argent entre-temps), et ensuite, passez à la lecture de ce chapitre. Il y est question de certaines variantes du poker. Ces détails n'auraient pourtant qu'une simple valeur de curiosité si, parmi ces variantes, il n'y avait la télésine, jeu auquel on joue encore aujourd'hui, et comment! La première règle de la télésine, c'est qu'on n'a pas besoin d'y jouer; mais si vous êtes désobéissant de nature, si vous ne tolérez pas qu'il y ait un vainqueur, et que vous rejetez les conseils que nous vous donnons, dans votre intérêt, eh bien, dans ce cas, malheureux, observez au moins les parties que font vos amis avant de descendre sur la piste: sinon, apprêtez-vous à tirer des chèques sur la malchance.

La télésine

Aux Etats-Unis, on l'appelle le *stud-poker* et la différence principale qu'il présente par rapport au *draw* américain (le poker normal), est qu'on y joue avec une carte couverte et les autres découvertes; et nous disons bien "les autres", parce qu'il n'est pas nécessaire qu'il y en ait quatre, comme vous l'avez supposé par erreur.

On fait le pot comme au poker normal, et ensuite le donneur distribue deux cartes seulement à chaque joueur, couvertes. Chaque joueur regarde ce que lui a attribué le sort, et ensuite découvre une carte, celle qu'il veut. C'est à celui qui a découvert la plus haute carte de parler (le jeu est dirigé par le donneur, qui annonce qui doit parler et quel est le jeu possible: en supposant que la plus haute carte découverte soit un Roi, le donneur dira: "deux Rois possibles").

Ce joueur, avant de parler, est en droit d'effectuer une relance: à leur tour, vers la gauche ou vers la droite, les autres joueurs donneront leur adhésion ou non au pot. A ce moment-là, le donneur distribuera une autre carte couverte à tous les joueurs qui auront soutenu la relance. Ceux-ci devront découvrir, ou la carte qu'ils viennent de recevoir, ou bien celle qu'ils gardaient couverte jusque-là. Tous ceux qui sont restés en jeu se trouveront cependant avec deux cartes découvertes et une couverte.

Celui qui montre le point le plus haut parle encore, toujours sur l'invitation du donneur. Et il sera encore en droit d'effectuer une nouvelle relance à laquelle les autres participeront ou non. Si personne n'a accepté la relance de celui qui a parlé le premier, celui-ci s'adjuge le pot et l'on procède à une nouvelle distribution des cartes.

Si l'on n'y procède pas à outrance, jusqu'à ce que ceux qui restent en lice aient quatre cartes découvertes et une couverte, on aura là la phase finale de la relance, suivie de l'assignation du pot. Une des différences de base avec le poker traditionnel est due au fait que la télésine ne prévoit pas la rapidité de la relance: vous pouvez réfléchir tranquillement et ensuite augmenter la mise, exactement comme cela se pratique en Amérique.

Bien, voici ce qu'on lit sur vos visages: vous avez tout compris et ce jeu vous paraît facile. En réalité, il l'est. Mais, alors qu'en jouant au poker, vous pouvez, tout au plus, risquer de vous ruiner, ici, à la télésine, vous réduirez femmes et enfants à l'indigence. Et c'est la même différence qui est à la base du *draw*, ou "poker américain".

Vous aurez donc compris que, pour jouer à la télésine, il est inutile d'avoir peur de perdre: il faut, au contraire, une bonne dose d'inconscience dans la conduite du jeu et un mépris total de votre argent. Plus forte sera la relance que vous ferez et plus vous aurez de chance de faire abandonner la place par vos adversaires: telle est la règle de base pour gagner: miser gros, très gros. C'est très simple, tellement que vos adversaires la connaissent aussi: ainsi, en jouant n'y a-t-il pas de belle. Ce type de poker ne comporte ni ouverture ni blind.

Variante avec le Joker

Le *Jolly Joker* est une carte appelée communément "la folle". Le poker se déroule normalement, mais celui qui est en possession du Joker peut donner à cette carte la valeur qu'il croit la meilleure, pourvu qu'il n'y ait pas incompatibilité. Si l'un des joueurs a une Suite à la Dame de Cœur et que l'adversaire a un 8 de Carreau, un 9 de Trèfle, un 10 de Pique, un Valet de Pique et le Joker, ce dernier perd le coup: en effet, la valeur maximum que l'on peut faire assumer à sa "folle" est celle de la Dame de Carreau, la Dame de Cœur étant déjà en possession de l'adversaire.

En toute autre circonstance, le Joker vaut exactement autant que la carte qui prend les valeurs que l'on veut. Par conséquent, deux Rois et le Joker sont supérieurs à trois Dames, et ainsi de suite. Dans le poker avec le Joker, il y a un nouveau point, le Grand poker, formé du Carré accompagné du Joker. Cette alliance bat le Carré d'As et n'est battue que par la Quinte floche.

Il existe une autre variante encore plus complexe et que nous allons voir maintenant.

Le Triflis

Ici, il y a quatre jokers constitués par la carte la plus petite du jeu (le 6, quand on joue à 5). Vous aurez compris qu'il s'agit d'un jeu de hasard compliqué du fait que tout le monde doit penser à ce qu'il a dans la main, parce que l'on n'a pas immédiatement une vision précise du point que l'on possède. Dans le Triflis l'ouverture minimum est un Brelan, point difficile à réaliser, comme vous le savez.

Le Brelan-parole

Quand il ne reste que deux joueurs pour un coup et que tous les deux demandent trois cartes, n'importe lequel des deux peut proposer le Brelan-parole.

C'est un accord auquel arrivent les deux joueurs, par lequel, si aucun des deux ne s'allie un Brelan, tous les deux font parole. La relance, quelle qu'elle soit, doit être engagée par celui qui a au moins un Brelan servi en main. Il est évident que celui qui relance doit montrer son Brelan à l'adversaire si ce dernier ne soutient pas la relance. Il s'agit clairement d'un artifice pour augmenter le nombre de pots de parole qui, plus forts, provoquent plus d'émotion chez les joueurs. Le Brelan-parole peut être proposé aussi s'il ne reste pas seulement deux, mais trois joueurs, mais dans ce cas, le jeu en est trop dénaturé.

Un autre système pour redonner vie à un jeu un peu trop en sourdine, ou pour obliger de temps en temps au blind un joueur qui ne le pratique jamais, consiste à doter la cave d'une fiche spéciale, qui peut être voyante, d'une forme et d'une couleur différentes de celles composant la réserve de chacun. On met la fiche en compétition dans le premier pot, et elle est adjugée à celui qui gagne le coup (rappelons que cette fiche n'a aucune valeur). Quand ce sera son tour, le joueur en possession de ladite fiche sera obligé de faire le blind, en mettant dans le pot, en plus du blind, le jeton en question. Celui qui fait le pot sera tenu, à son tour, de faire le blind, et ainsi de suite. On garantit ainsi un minimum d'un pot de blind pour chaque tour.

Le "poker menteur"

C'est une variante à laquelle vous pouvez jouer un soir à la campagne, avec des amis, si vous avez envie de vous amuser un brin sans vous faire voler. En toute logique, c'est un jeu qui, du poker ordinaire, n'a que le nom, mais qui peut vous faire passer agréablement quelques heures. Le nombre de joueurs est indifférent; on utilise la règle de onze pour fixer le nombre de cartes que doit comporter le paquet. Tous les jetons ont la même valeur; si on en donne cinq à chacun, on y joue à quatre ou cinq; quatre si l'on joue à six ou sept, et trois, si l'on joue à huit ou neuf. Le pot est formé en faisant payer un jeton à chaque joueur. On joue avec cinq cartes qui sont distribuées au joueur placé à la gauche du donneur: celui-ci peut changer de zéro à quatre cartes. Ensuite, le joueur passe la main à son adversaire de gauche en annonçant un point: par exemple deux Valets, ou bien, il peut ne pas croire à la déclaration faite par celui qui lui a passé les cartes, et dire " Je vois! ".

Dans ce cas, on montre les cartes: si la déclaration était inexacte, son auteur paie un jeton à celui qui l'a vu. Ce sera le contraire si la déclaration faite correspondait à la vérité, ou bien si les cinq cartes comprenaient effectivement deux Valets. De plus, le perdant versera un jeton au pot. Ensuite, on mélange de nouveau les cartes et on effectue une nouvelle distribution des cartes qui sera faite par le joueur suivant.

S'il n'y a pas de "Je vois!", le joueur continue, en tenant compte du fait que le point qui est annoncé doit toujours être plus fort que celui qui a été déclaré auparavant. Le joueur qui reste sans jetons sort du jeu. Le gagnant est celui qui réussit à rester seul dans le jeu, et qui s'empare ainsi du pot.

Tandis que dans le poker, chacun joue pour soi, ici, il peut être utile de faire coalition contre le plus fort, qui menace avec évidence d'expulser tous les autres et de remporter la victoire. Ainsi, par exemple, si vous possédez trois As, annoncez à votre voisin le point minimum: il suivra votre astuce et renchérira un peu, même si les trois As sont maintenant passés à quatre. Quand ce sera le tour du grand vainqueur et que son adversaire lui ouvrira un Carré d'As, celui-ci sera obligé de voir et de payer. Même si le menteur avait subodoré le mensonge, il serait tout aussi coincé: il devrait en effet déclarer "Quinte floche!", parce que, maintenant c'est son tour et que sa déclaration doit sortir et implacablement être vue.

Description d'un pot

Le pot (de l'anglais *Jack-pot*) est une phase importante du poker. Cette phase correspond à un appel de la chance. Les joueurs, tout au moins ceux qui acceptent d'entrer dans un pot, conviennent d'un commun accord de n'ouvrir le jeu que si la première donne leur attribue des combinaisons minimales.

A l'origine, un pot peut être déclenché de trois manières:
— soit à la suite d'une maldonne imputable au donneur lui-même ou à un joueur;
— soit à la suite d'un coup qui n'a pas été suivi;
— soit à la suite d'un action délibérée d'un joueur qui refuse la main ("passer la main") lorsque son tour est venu de distribuer.

Au départ, la fixation des conditions du pot appartient au joueur qui a le jeu en mains, c'est-à-dire à celui qui coupe les cartes. A chaque tour, quand le pot tourne, la maîtrise du jeu change ainsi de main.

Deux grands systèmes existent: les pots libres et les pots imposés. L'établissement des règles minimales d'ouverture peut porter sur le montant de la relance (libre ou imposée) et sur la hauteur du jeu d'ouverture (libre ou imposé lui aussi).

Mais en tout état de cause, les modifications des conditions initiales ne pourront s'opérer que dans un sens plus draconien (c'est-à-dire en faisant constamment monter la hauteur de l'ouverture), sauf accord unanime des joueurs par lequel ils auraient décidé "d'arrêter" la hauteur d'ouverture à une combinaison déterminée (à la hauteur du Brelan de 10, par exemple).

L'exemple suivant permettra de mieux comprendre le mécanisme du pot.

Quatre joueurs: *A, B, C* et *D*. Cave fixée au départ à 50 F.

A est gagnant.

B perd beaucoup.

C est perdant.

D est légèrement gagnant.

B refuse la main et se déclare prêt à organiser un pot aux conditions suivantes:

— 5 F de droit d'entrée;

— ouverture libre;

— et relance libre.

A, C et *D* entrent dans le pot (*A*, avec une certaine réticence, car il risque de perdre une part des gains réalisés).

MONTANT DU POT: 20 F

1ᵉ Tour: Aucun des joueurs n'annonce l'ouverture, les jeux distribués offrant des perspectives peu satisfaisantes.

2ᵉ Tour: La main passe à *C* qui met 3 F et fixe l'ouverture à la hauteur d'une Double paire.

MONTANT DU POT: 32 F

Les jeux distribués sont les suivants:

A n'a aucun jeu. Il n'ouvre pas.

B a une Double paire (deux 7 et deux 8). Il pourrait ouvrir, mais il pense:

1. Que le gain du pot ne lui permettrait pas de récupérer ses pertes.

2. Que sa Double paire est, en tout état de cause, trop faible.

Donc *B* n'ouvre pas.

C a quatre Cœurs et un Pique (possibilité de Couleur). Il pourrait tenter la Couleur, mais en cas d'insuccès il devrait présenter l'ouverture et en serait incapable. Son amende atteindrait alors 7 fois la mise, soit environ 5 caves, ce qui est trop cher pour ses moyens.

Donc *C* n'ouvre pas.

D n'ouvre pas, car il n'a pas l'ouverture requise.

3e Tour: La main passe à *D*. *D* n'arrose pas le pot et, en conséquence, maintient l'ouverture à hauteur de la Double paire. Aucun des joueurs n'ayant l'ouverture, le pot reste fermé et la main passe à *A*.

4e Tour: *A* ayant choisi de faire un écart sur le pot, il relance de 10 F et fixe l'ouverture à hauteur du Brelan de 7. *D* a perdu $5 + 3 = 8$ F sur ce pot. Ses pertes compensant ses gains antérieurs, il préfère se retirer du pot qui risque de creuser un trou dans ses finances. *B* et *C* suivent la relance de *A*.

MONTANT DU POT: 62 F

Aucun joueur n'ouvre.

5e, 6e et 7e Tours: Ils relancent néanmoins. *B* remonte la hauteur de l'ouverture au Brelan de Valets.

MONTANT DU POT AU 7e TOUR: 212 F

8e Tour: *C* distribue les jeux suivants:

A: 7 , 8, 9, 10 et Valet de couleurs différentes.

B: Brelan de Rois, 7 et Valet.

C: trois Cœurs, un Trèfle et un Pique.

A ouvre à 30 F. *B* suit l'ouverture de *A* et en prend la responsabilité (ce qui signifie qu'il devra la produire à la fin du jeu, sous peine d'amende) en mettant 10 F de plus. *C* a 40 F à mettre pour obtenir des cartes.

Il a dépensé 68 F depuis le début du pot. Il décide de risquer encore 40 F.

MONTANT DU POT AVANT DISTRIBUTION: 332 F

A se déclare "Servi!".

B demande deux cartes; il reçoit des cartes dépareillées et donc sans utilité.

C, qui n'a pas le choix, tente la Couleur... et reçoit deux Cœurs.

B, qui a pris la responsabilité de l'ouverture doit parler en premier. Son Brelan est fort, mais *A* s'est déclaré servi. *B*, qui est perdant, pense que c'est un bluff: selon lui, *A* tient un Brelan et veut faire croire à une Suite. Donc *B* met 10 F.

C possède un jeu très fort: une Couleur à Cœur. Il exclut a priori que le jeu de *A* puisse être supérieur à une Suite. Mais il n'est pas dit que *B*, qui tient un Brelan (puisqu'il a demandé deux cartes) et un Brelan fort (puisqu'il a surenchéri sur l'ouverture de *A*), n'ait pas un Carré.

Il regarde attentivement son jeu et s'aperçoit que sa Couleur comprend le Roi et l'As de Cœur. Il a alors la quasi-certitude d'avoir le jeu le plus fort. Il décide, en conséquence, de ne pas enchérir sur *B* pour se placer en position d'attente, et il met 10 F pour voir.

A tient une Suite. Il pense être supérieur à *C*. Mais le problème de *B* se pose: a-t-il reçu des cartes lui permettant de réunir un Full ou un Carré? Il décide d'impressionner *B*, et met 30 F de plus sur la relance de *B*.

B suit alors *A*, mais ne renchérit pas. Il préfère arrêter à ce niveau le pot qui risque maintenant de lui coûter cher.

C met alors 30 F pour voir *A* et surenchérit de 50 F (hauteur de la cave et donc hauteur maximale de la relance) pour faire croire à un bluff.

A suit les 50 F de *C*.

B, qui avait voulu arrêter le jeu à un niveau inférieur est presque forcé de suivre, bien qu'il possède maintenant la quasi-certitude que soit le jeu de *A*, soit le jeu de *C* lui seront supérieurs. Mais il ne peut se permettre d'écarter l'hypothèse d'un double bluff de *A* et de *C*.

C, qui a le jeu le plus fort, remporte alors le pot d'une valeur d'un montant de 602 F, soit environ 12 caves.

En conclusion:

— se méfier du caractère "entraînant" du pot;

— faire cadrer sa stratégie sur le pot avec sa situation financière du moment;

— ne jamais perdre espoir même si la première donne est mauvaise.

Exercices d'identification
des combinaisons

Afin que le premier exercice d'entraînement (présenté sous forme de questions et de réponses) que nous vous proposons puisse vous être utile et profitable, essayez de trouver par vous-même, sans regarder la réponse tout de suite, la solution de chaque question.

Cet exercice, vous le verrez, a pour but de vous apprendre à reconnaître et identifier facilement les cinq premières cartes que le donneur vous sert toujours, en première main.

Question: Si vous recevez à la donne un As, une Dame, un Valet, et deux 9, qu'avez-vous dans votre jeu?

Réponse: Une Paire de 9.

Question: Si vous recevez à la donne trois Valets, un 8 et un 8 (il y a une astuce), qu'avez-vous dans votre jeu?

Réponse: Un Full aux Valets.

Question: Si vous recevez à la donne quatre Cœurs et un As de Pique, qu'avez-vous dans votre jeu?

Réponse: Une "possibilité" de Couleur (c'est-à-dire la possibilité de tenter la Couleur en écartant l'As de Pique).

Question: Si vous recevez à la donne un 7, un 8, un 9, un 10 et une Dame, qu'avez-vous dans votre jeu?

Réponse: Une "possibilité" de Suite.

Question: Si vous recevez à la donne un 10 de Trèfle, un Valet de Carreau, une Dame de Carreau, un Roi de Carreau et un As de Carreau, qu'avez-vous dans votre jeu?

Réponse: Une Suite à l'As et une "possibilité" de Quinte floche à Carreau.

Question: Si vous recevez à la donne deux Rois, deux As et une Dame, qu'avez-vous dans votre jeu?

Réponse: Une Double paire aux As.

Question: Si vous recevez à la donne trois Valets, un 10 et un 8, qu'avez-vous dans votre jeu?

Réponse: Un Brelan de Valets.

Question: Si vous recevez à la donne un 10 de Cœur, un Valet de Cœur, une Dame de Cœur, un Roi de Cœur et (hélas!) un As de Pique, qu'avez-vous dans votre jeu?

Réponse: Une Suite à l'As et une "possibilité" de Quinte floche.

Question: Si vous recevez à la donne un 8, un 7, un Valet, un 9 et une Dame, qu'avez-vous dans votre jeu?

Réponse: Une Dame.

Question: Si vous recevez à la donne un 7, un As, un Valet, un 7 et un Valet, qu'avez-vous dans votre jeu?

Réponse: Une Double paire aux Valets.

Question: Si vous recevez à la donne deux Rois, un As, un 7 et un 9, quelle est votre possibilité objective d'améliorer votre jeu?

Réponse: Ecarter le 7 et le 9 pour tenter la Double paire ou (pourquoi pas?) le Full (si vous recevez deux As ou un As et un troisième Roi).

Evidemment, cette dernière question vous a surpris (ou "surprise", excusez-nous, Chère Madame ou Chère Mademoiselle!), mais cet exercice doit vous donner un aperçu des nombreuses possibilités d'améliorer votre jeu, dans certains cas. Car, vous le constaterez dès que vous aurez des cartes en jeu et des adversaires devant vous, il y a des situations "cornéliennes" où vous devez choisir entre telle ou telle possibilité d'amélioration.

Exercices d'écart

Avant de faire cet exercice, revoyez le 1er chapitre intitulé: "Théorie de l'écart", afin de vous préparer à répondre aux questions sans regarder les réponses.

Ainsi, nous vous demandons un nouvel effort de concentration.

Prenez un jeu de cartes en mains et étalez devant vous les cartes citées par nos questions, vous verrez que vous résoudrez mieux les petites difficultés de cet exercice.

Lorsque le moment de l'écart arrive, après que le donneur vous a demandé: "Cartes?" — souvent d'une voix sèche, car n'oubliez pas qu'un donneur a toujours hâte de "voir" ses cartes —, vous devez lui indiquer rapidement, très rapidement, combien de cartes vous voulez, sous peine de passer pour un amateur doté d'un esprit lent et timoré.

Donc, ne regardez pas les réponses et essayez de répondre aux questions par vous-même: au fond, vous savez, on ne joue pas au poker avec un manuel d'apprentissage sur les genoux. D'abord, vos partenaires de la table se moqueraient de vous. Ensuite, avant d'entrer en scène, vous devez connaître votre texte et vos répliques par cœur, si possible.

Question: Si vous recevez à la donne un As de Trèfle et quatre Carreaux, quelles cartes écartez-vous?

Réponse: L'As de Trèfle.

Question: Si vous recevez à la donne trois Rois, un 10 et un 8, quelles cartes écartez-vous?

Réponse: 1. Soit le 10 (espérance de Full aux Rois par les 8).

2. Soit le 8 (espérance de Full aux Rois par les 10).

3. Soit carrément le 10 et le 8 (si vous tentez le Carré).

Question: Si vous recevez à la donne un 7 de Cœur, un 8 de Cœur, un 9 de Cœur, un 10 de Cœur et un Valet... de Trèfle, quelles cartes écartez-vous?

Réponse: 1. Soit le Valet de Trèfle (espérance de Couleur à Cœur).

2. Soit rien du tout, puisque vous avez une Suite au Valet servie.

Question: Si vous recevez à la donne deux As, deux 10 et un Roi, quelles cartes écartez-vous?

Réponse: Le Roi.

Question: Si vous avez deux Valets, un 7, un 8 et un Valet, combien de cartes pouvez-vous écarter au maximum?

Réponse: Deux cartes (le 7 et le 8).

Pourquoi? Parce que vous avez un Brelan de Valets servi.

Description analytique d'une partie

Dans l'exemple suivant, nous allons décrire le premier quart d'heure d'une partie (5 Tours).

Conditions de jeu

1. Partie à deux joueurs (Alpha et Béta).
2. Jeu de 32 cartes.
3. Cave à 20 F.
4. Chip à 20 centimes.
5. Alpha et Béta ont choisi leurs places sans tirer au sort.
6. Ouverture avec relance possible.
7. On ne fait un pot que si les deux joueurs y consentent.

1er Tour

Alpha coupe et blinde. Béta donne les cartes. Après avoir regardé ses cartes, Béta ne suit pas. Donc, Alpha gagne le coup et ramasse la mise (en fait, il reprend son chip).

2e Tour

Béta coupe et blinde, Alpha donne. A la première donne, Béta reçoit un As, un Roi, un 10, un 7 et un 8 (main dépareillée). Alpha reçoit deux Rois, un 7, un 10 et un 9 (Paire de Rois).

Confiant dans sa Paire, Alpha suit Béta et mise, en égalisant le chip. Béta demande trois cartes et n'améliore pas son jeu. De même, Alpha écarte deux cartes et ne réussit pas à "bonifier" son jeu.

Après l'écart, nous avons ceci:
— Béta n'a qu'un *As* (une carte);
— Alpha a une *Paire de Rois*.

Etant donné qu'aucun des deux n'a relancé avant l'écart, c'est à l'ouvreur (Béta) de parler le premier. Il mise à 1 F bien qu'il n'ait qu'un As en main (il bluffe).

Alpha dit: "Parole!" (il n'a pas confiance dans son jeu).

Béta remise, et dit: "1 F plus 1 F!" (relance sur soi-même en vue de "soutenir" son bluff). Alpha hésite et ne suit finalement pas. Donc c'est Béta qui gagne (son As a battu la Paire). En conséquence, il n'a pas à montrer son jeu à Alpha puisque ce dernier n'a pas payé pour voir.

Dans ce 1er Tour, et à partir de cet exemple, nous voyons que le bluff peut permettre au possesseur d'un jeu faible (un As) de l'emporter sur celui de son vis-à-vis qui, "sur le papier", est pourtant plus fort (Alpha avait une Paire de Rois qui est supérieure à l'As).

3e Tour (Ecart de feinte)

Alpha coupe et blinde. Béta donne les cartes. Béta voit son jeu et suit sans relancer le chip (20 centimes).

A la première donne, voici ce que chacun reçoit:
— Béta a une Double paire aux 10 (possibilité de Full);
— Alpha a une Paire de Dames (possibilité de Brelan).

Au moment de l'écart, Béta fait une feinte à l'écart et demande deux cartes (il casse ses deux Paires servies) en vue de faire croire à son adversaire qu'il tient un Brelan servi. Alpha a demandé trois cartes mais n'améliore pas son jeu. Après l'écart, voici ce que chacun a:

— Béta n'améliore pas son jeu (il n'a plus qu'une Paire de 10);

— Alpha n'améliore pas son jeu (il a toujours une Paire de Dames).

Etat des combinaisons en présence: *Paire de 10* (Béta) contre *Paire de Dames* (Alpha). Donc, "sur le papier" et en théorie, Alpha devrait gagner le coup. Mais il faut compter avec le bluff (écart de feinte) exécuté par Béta à l'écart.

Parole à l'ouvreur (Alpha). Alpha dit: "Parole!" (il suppose que son adversaire a un Brelan servi — méfiez-vous de ce genre d'idées fixes!).

Béta mise de 2 F (pour soutenir sa feinte à l'écart). Quand revient son tour de parole, Alpha (qui n'a que deux Paires et qui suppose toujours que son adversaire tient un Brelan, sinon plus) décide de ne pas suivre. Donc, c'est Béta qui gagne le troisième coup au 3ᵉ Tour.

4ᵉ Tour (Contre-bluff)

Béta coupe et blinde (c'est son tour) à 20 centimes (hauteur du chip de départ), Alpha donne les cartes. Alpha voit son jeu (une Paire) et relance de 50 centimes avant l'écart (il bluffe). Béta suit Alpha et égalise à 50 centimes (hauteur de la relance de Alpha).

Avant l'écart, nous voyons ceci:

— Béta a une Paire de 10 et trois cartes dépareillées;

— Alpha a une Paire de Valets et trois cartes dépareillées.

Après l'écart, nous voyons ceci:

— Béta n'améliore pas son jeu de départ;

— Alpha n'améliore pas son jeu de départ.

Etat des combinaisons en présence: *Paire de 10* (Béta) contre *Paire de Valets* (Alpha). En théorie, c'est Alpha qui devrait emporter le coup.

Parole au dernier enchérisseur (Alpha). Alpha mise 1 F plus 1 F (première relance après l'écart).

Béta, qui pressent que Alpha est moins fort que lui (et qui veut faire un coup de contre-bluff décide d'égaliser la relance de Alpha (2 F) et relance de 2 F à son tour (première contre-relance).

Alpha, qui commence à s'affoler, ("perdre le Nord", "déconcentration", "relâchement") dit: "Parole!" (il préfère temporiser et voir si Béta peut soutenir sa contre-offensive à la relance).

Béta ne se démonte pas, soutient son contre-bluff et enchérit sur lui-même en disant: "4 F plus 1 F!".

Conclusion du 4e Tour: Alpha ne suit pas Béta qui gagne le coup (7,40 F).

5e Tour (Jouer son va-tout)

Rappelons que, au 4e Tour, Béta a gagné (7, 40 F) et que Alpha a perdu. L'analyse de ce 5e Tour veut démontrer ceci: il ne faut jamais avoir trop confiance en soi quand on a gagné au tour précédent.

Alpha coupe et blinde de 20 centimes (chip). Béta donne les cartes, voit son jeu et relance de 1 F (relance avant l'écart): en fait, Béta est trop sûr de lui, étant donné sa victoire du 4e Tour (attention: une assurance excessive peut vous rendre "aveugle", dangereusement euphorique et fausser vos anticipations de jeu).

Alpha égalise la relance de son adversaire (1 F).

Avant l'écart, nous voyons ceci:

— Alpha a reçu deux As, deux 10 et une carte;

— Béta a reçu deux Dames, deux Valets et une carte.

Après l'écart, nous voyons ceci:

— Alpha n'améliore pas son jeu;

— Béta n'améliore pas son jeu.

Etat des combinaisons en présence: *Double paire aux As* (Alpha) contre *Double paire aux Dames* (Béta).

La parole revient au dernier à avoir enchéri avant l'écart (Béta). Béta relance sur lui-même: "1 F plus 2 F!". Alpha (qui est "remonté" contre B qui l'a battu au 4ᵉ Tour) égalise la relance et enchérit: "3 F plus 10 F!".

Béta, qui "sent" le jeu et qui a marqué des points au tour antérieur, ce qui le stimule — complexe de supériorité —, veut ouvrir une brèche dans la cave de Alpha. En conséquence, il décide de soutenir son avance au bluff, égalise et relance sur Alpha: "10 F plus 20 F!".

A ce moment, Alpha joue son va-tout et décide ("Tant pis, on verra bien!") de sur-contrer le bluff trop "téléphoné" et systématique de Béta. Donc, il égalise et relance: "30 F plus 30 F!".

Sonné par cet assaut, Béta se déconcentre: il croit moins dans la force de son bluff, d'autant plus qu'il a un jeu moyen. Pour ces raisons, il décide de "calmer le jeu", temporise et dit: "Parole!" (c'est sans doute à ce moment-là qu'il perd le coup et qu'il n'est plus "crédible" aux yeux de Alpha qui a deviné son "bluff à l'avantage").

Alpha récidive, poursuit sa lancée et relance sur lui-même: "30 F plus 10 F!".

Béta, qui se sent faible avec une Double paire aux Dames, pense qu'il doit se retirer du coup et ne pas suivre. Mais, malgré ses craintes objectives, il persiste à croire que Alpha n'est plus en veine depuis son échec du 4ᵉ Tour (motivation subjective). Donc, Béta (qui veut limiter la "casse") égalise la relance de Alpha afin de voir le jeu de ce dernier.

Conclusion du coup: chacun déclare son jeu et abat ses car-

tes: *Double paire aux As* contre *Double paire aux Dames.*
Donc, c'est Alpha qui gagne et empoche la masse des mises
(188, 40 F).

Total des gains acquis par Alpha au 5ᵉ Tour

Avant l'écart

Blind de Alpha:	0,20 F	+	1 F	
Relance de Béta:	0,20 F	+	1 F	

Après l'écart

Sur-relance de Béta:	1 F	+	2 F	
Relance de Alpha sur Béta:	3 F	+	10 F	
Relance de Béta sur Alpha:	10 F	+	20 F	
Relance de Alpha sur Béta:	30 F	+	30 F	
Parole déclarée par Béta:	0 F			
Relance soutenue de Alpha:	30 F	+	10 F	
Egalisation de Béta:	40 F			
Total des gains de Alpha:	188, 40 F			

Remarque: les 40 centimes représentent la somme des
deux chips de départ.

Règlement du poker

ART. I

Le tirage des places doit régulièrement être fait de la manière suivante: un joueur prend dans le jeu autant de cartes de valeur différente qu'il y a de joueurs et leur présente ces cartes couvertes, disposées en éventail.
Lorsque chacun des adversaires en a pris une, celui qui a fait la distribution garde pour soi la dernière.

ART. II

Les joueurs, ayant posé chacun à découvert leur carte tirée, celui qui a tiré la plus forte choisit sa place; il devient le premier à jouer. Chacun des autres se place à la suite suivant la valeur de la carte qu'il a tirée, de façon à ce que celui qui a tiré la carte la moins forte soit à côté du premier.

ART. III

Si, pour la donne, on suit l'usage habituellement suivi de donner de gauche à droite, le deuxième joueur se placera à la gauche de celui auquel le sort a attribué la première place.

Art. iv

Si on suit au contraire l'usage de la donne en France, en distribuant les cartes de droite à gauche, le deuxième joueur se placera à la droite du premier.

Art. v

Avant la donne, le donneur doit s'assurer, lorsque le coup est un blind, que le premier joueur qu'il va servir a mis sur le tapis l'enjeu du blind et si le deuxième joueur qui a déclaré être surblind a doublé la mise.

Art. vi

Si le coup est un pot, le donneur (étant responsable des mises du jeu) doit, avant sa donne, s'assurer que la mise est complète et faire miser les joueurs qui auraient oublié de mettre leur enjeu. Dans le cas contraire, dès la première carte distribuée, le donneur doit compléter la mise à ses frais sans pouvoir rien réclamer à ses adversaires.

Art. vii

L'établissement des enjeux étant assuré par le donneur, il bat alors les cartes et les présente à couper à l'avant-dernier joueur.

Art. viii

Celui-ci peut, à son choix, les couper ou les "reconnaître" en touchant seulement le jeu du doigt; mais ce toucher est obligatoire.

Art. ix

La coupe dont un des paquets n'aurait pas au moins quatre cartes doit être annulée. Le donneur rétablit le jeu comme il avait été présenté. Le joueur qui fait une fausse coupe a perdu le droit de simplement reconnaître les cartes à cette nouvelle présentation. Il doit obligatoirement les couper.

Art. x

Il est interdit à tout joueur, non seulement de relever ses cartes, mais d'y toucher avant d'avoir reçu ses cinq cartes complètes.

Art. xi

Toute infraction doit être punie d'une amende d'une unité de mise ou chip; cette amende doit être versée immédiatement à la masse du coup, que ce coup soit un pot ou un blind.

Art. xii

La donne doit être recommencée si on trouve une carte retournée dans le jeu.

Art. xiii

Elle doit l'être également si, par mégarde, le donneur met une carte à découvert pendant la donne.

Art. xiv

Les cartes étant données une à une, chaque joueur doit reconnaître le nombre de cartes qu'il a reçues, mais sans les relever ni même y toucher. Aussitôt, il doit signaler au donneur l'erreur de donne qui lui serait personnelle.

ART. XV

Il est interdit à tout joueur de signaler les erreurs de donne commises envers les autres joueurs.

ART. XVI

Lorsqu'un joueur, le donneur compris, s'aperçoit d'une erreur de donne dans son jeu avant d'avoir relevé ses cartes et la signale, le coup doit être redonné.

ART. XVII

Mais, s'il s'en aperçoit en prenant son jeu en main, même une seule de ses cartes étant vue par lui, le coup est bon. Ce joueur est alors mis hors du coup. S'il est blind, il perd son blind; si c'est un pot, il ne peut prendre part au coup; mais si le pot n'était pas ouvert, il y rentrerait au coup suivant sans pénalité. Les joueurs qui ont leur compte régulier de cartes continuent le coup.

ART. XVIII

La donne étant régulière, si un joueur laisse tomber à découvert sur le tapis une ou plusieurs cartes, le coup est bon, mais il est obligé de laisser ses cartes découvertes en vue de tous les joueurs. Il ne les reprend qu'au moment de l'écart s'il prend part au coup. Les autres joueurs, avant distribution de cartes pour l'écart, ont le droit de reprendre leur mise ou de continuer le coup à leur choix.

Si les cartes tombent par terre, elles sont considérées comme couvertes et le joueur les reprend dans son jeu.

Art. XIX

Avant la donne, le premier à jouer, si le coup n'est pas un pot, doit mettre au tapis l'unité de somme fixée pour le blind et dire: "Je blinde".

Art. XX

Le blind n'est pas obligatoire; il donne à celui qui le verse le droit de parler le dernier. Si le premier n'est pas blind, le suivant ni les autres ne peuvent pas l'être eux-mêmes.

Art. XXI

Aucun joueur n'a le droit de mettre au blind une somme supérieure à l'unité fixée.

Art. XXII

Si le joueur suivant veut acheter à son tour le droit de parler le dernier, il doit le déclarer également avant la donne en disant "surblind" ou "overblind" en mettant au jeu une somme double de l'unité de mise. Le premier blind parle alors l'avant-dernier.

Art. XXIII

Si le troisième joueur veut, à son tour, être surblind, il double la mise du deuxième.

Art. XXIV

Lorsque l'on joue à la cave avec une mise totale fixée pour la masse d'entrée au jeu de chacun des joueurs, on arrête le "surblindage" dès que le montant des blinds versés atteint la moitié de la cave ou si le surblind suivant devait dépasser cette moitié.

Art. XXV

Si le premier joueur oublie de miser son blind avant de regarder son jeu, il parle le premier et ne peut mettre comme premier enjeu, s'il joue, que le double du blind.

Art. XXVI

S'il ne joue pas le coup, le premier à jouer ne peut pas non plus mettre, comme enjeu au tapis, une somme inférieure au double du blind.

Art. XXVII

Tous les joueurs, dans leur ordre de parole, peuvent tenir le coup, relancer ou passer.

Art. XXVIII

Dans un coup de blind, parle le premier avant comme après prise de cartes, le premier joueur après le blind, s'il n'y a pas de surblind, ou avant le dernier des surblinds, s'il y en a.

Art. XXIX

Nul n'est tenu de prendre part à un pot. Le joueur qui veut s'abstenir le déclare et ne reçoit pas de cartes du donneur.

Art. XXX

Le coup du pot est obligatoire ou conventionnel.
Il est obligatoire s'il n'y a pas eu d'engagement avant écart ou si, après écart, tous les joueurs ont passé parole.

Il est conventionnel lorsque, d'accord entre les joueurs, on convient qu'il y aura pot dans des circonstances déterminées.

Art. xxxi

Pour prendre part à un pot, chaque joueur met au tapis l'unité d'enjeu (chip) fixée avant la partie. Cette unité de mise est immuable. Elle ne peut être augmentée qu'avec l'adhésion de l'unanimité des joueurs.

Art. xxxii

Le donneur est responsable de la régularité des mises.

Art. xxxiii

Au premier coup, on peut ouvrir le pot ayant en main au moins une Paire de Valets; tous les jeux supérieurs peuvent ouvrir le pot.
En ouvrant le pot, on doit à la masse une unité de mise, chip au minimum, ou une somme forte à son choix.
Tous les joueurs à la suite de celui qui a ouvert le pot ont le droit de passer, de tenir le coup ou de relancer.
Ceux qui avaient passé avant le joueur ayant ouvert le pot ont le même droit que ceux placés à la suite de l'ouvreur ce joueur étant considéré comme premier à parler.
Si le pot n'est pas ouvert chaque joueur met un nouveau chip à la masse et on procède à une nouvelle donne.

Art. xxxiv

Pour ouvrir le pot de la deuxième donne, il faut au moins une Paire de Dames.

Art. xxxv

S'il n'y a pas d'ouverture, on recommence un troisième coup et, pour ouvrir après cette nouvelle mise, il faut au moins une Paire de Rois.

Art. xxxvi

Tous les donneurs successifs sont chacun, pour son coup de donne, responsables de l'inexactitude de la totalité des mises, comme il est dit à l'article XXXII.

Art. xxxvii

Ils doivent, en outre, avant de distribuer les cartes, annoncer à haute voix quelle Paire est nécessaire pour ouvrir le pot. Ils ne sont pas obligés de le répéter ni de répondre si la question leur est posée pendant le cours du jeu.

Art. xxxviii

Tout joueur ayant ouvert un pot doit, après le coup, montrer la partie de son jeu qui était nécessaire pour l'ouverture, même s'il n'a pas continué à tenir le coup.

Art. xxxix

S'il ne peut montrer cette ouverture, soit qu'il ait ouvert le jeu ne l'ayant pas, soit qu'il ait jeté ses cartes, il est hors du coup, il est hors de jeu, mais le coup est bon pour les adversaires. Le coup suivant est encore un pot dont la mise et est uniquement fournie par celui qui a fait la faute. Cette mise doit être égale à la somme qu'il y avait au pot au moment de la donne précédente.

Aucun des adversaires ne doit proposer d'ajouter de chip conventionnel à cette masse.

ART. XLI

Si celui qui ouvre un pot veut jeter son ouverture pour chercher une autre combinaison, il doit l'annoncer avant prise de cartes et mettre, pendant le coup, son écart à sa droite pour le représenter à la fin. Ces cartes réservées ne doivent jamais être jetées au paquet d'écart même si le donneur, n'ayant plus au talon assez de cartes à distribuer, était obligé, pour la donne, d'utiliser les cartes écartées par les premiers à jouer.

ART. XLII

S'il n'a pas annoncé qu'il cassait son ouverture et qu'il n'ait pas dans son jeu, à la fin du coup, de cartes suffisantes pour constituer cette ouverture, l'ouvreur doit subir la pénalité de l'article XXXIX. Mais l'ouverture est toujours bonne si, après l'écart et à la fin du coup, le joueur peut la montrer même s'il était impossible qu'il leût en main au commencement du coup.

ART. XLIII

Lorsqu'un joueur a ouvert un pot à faux et s'aperçoit de son erreur avant qu'un deuxième joueur ait parlé, il le déclare et n'encourt aucune pénalité. Il peut même prendre part au pot s'il est ouvert par un autre joueur.

Art. XLIV

Mais si un seul joueur a suivi sa mise et si un autre joueur ouvre le pot par la suite, celui qui a ouvert à faux paie un chip à la masse et ne peut pas prendre part au pot.

Art. XLV

Le droit de relance appartient à tout joueur tenant un coup; il doit en user à son tour de parole en annonçant: "Je tiens, *plus tant*". Il doit verser immédiatement à la masse du tapis la mise de celui qui le précède dans le coup et le montant de sa propre relance.

Art. XLVI

Tout joueur prenant part au coup peut, sur une relance, tenir, relancer lui-même ou abandonner le coup. S'il abandonne, les mises déjà versées par lui sont acquises à la masse.

Art. XLVII

Le joueur qui a passé lorsqu'est venu son tour de parole a perdu le droit de rentrer dans le coup.

Art. XLVIII

Ne restent dans ce coup que les joueurs ayant tenu jusqu'à la dernière relance.

Art. XLIX

Les joueurs qui ne tiennent pas le coup doivent jeter, à leur tour de parole, leurs cartes cachées et non découvertes en tas près du donneur. Il leur est interdit de les garder en main ou de les conserver près d'eux.

ART. L

Mais celui qui jette ses cartes ou parle avant son tour de parole est à l'amende d'un chip, qu'il verse tout de suite à la masse du coup.

ART. LI

Le joueur qui a relancé ou tenu des relances n'est jamais obligé de tenir les relances suivantes; il peut passer et doit tout de suite jeter son jeu au tas; mais les mises versées par lui sont acquises à la masse du coup.

ART. LII

Aucun joueur ne peut engager les autres pour une somme supérieure à celle qu'il a lui-même devant soi. Mais si la relance excède cette somme, il doit, sous peine d'être mis hors du coup et de laisser à la masse de l'enjeu ce qu'il a déjà versé, dire à son choix, avant prise de cartes: "Je verrai si je complète après écart" ou "Je complète en mettant une nouvelle cave".

ART. LIII

Si la relance d'un joueur n'est tenue par aucun adversaire, il ramasse la masse sans montrer son jeu. Mais chacun des autres joueurs a le droit de lui faire étaler ses cartes couvertes pour en vérifier le nombre.
Si le coup avait plus de cinq cartes, la mise du joueur resterait aux enjeux. Il verserait de plus un chip d'amende à ses enjeux.

Art. LIV

Le donneur, s'adressant successivement aux joueurs prenant part à un coup, doit dire: "Combien?". Le joueur interrogé doit répondre par le seul énoncé du chiffre ou par "non" s'il ne veut pas prendre de cartes.

Art. LV

En cas de prise de cartes, le donneur doit les détacher en bloc du talon pour les servir. Il lui est interdit de les donner en deux paquets ou de les distribuer une à une.

Art. LVI

Le joueur qui prend des cartes doit de même, en faisant sa réponse, jeter en bloc son écart au tapis; il doit aussi vérifier le nombre de celles qu'il reçoit couvertes, avant de les relever et, en cas d'erreur, il en fait rectifier le nombre par le donneur.

S'il relève ces cartes sans vérifier et qu'il en ait trop ou trop peu dans son jeu, il est hors du coup et ses enjeux sont acquis à la masse.

Art. LVII

Le joueur qui demande un nombre de cartes supérieur ou inférieur à celui dont il a besoin est tenu de prendre les cartes données et de changer son écart pour avoir régulièrement cinq cartes dans son jeu.

Le donneur n'a pas le droit de changer la donne du nombre de cartes indiqué à la première demande.

Art. LVIII

Le donneur qui prend part à un coup doit, comme les autres joueurs, annoncer combien il prend de cartes. Il pose le talon sur la table, fait son écart et se sert. Pas plus que les autres joueurs il ne doit faire cet écart avant son tour.

Art. LIX

Lorsque, pour les derniers à prendre des cartes, il n'y en a plus assez au talon, le donneur, après avoir servi jusqu'à la dernière, prend tout le paquet des écarts, le bat et le fait couper. Il termine alors la distribution comme avec le premier talon régulier.

Art. LX

Les relances après l'écart suivent le même ordre qu'avant la prise de cartes; celui qui a ouvert le pot parle le premier. S'il y a blind, le joueur tenant le coup, placé le premier après le blind ou le surblind, a la parole.

Art. LXI

Après l'écart, il est interdit, au moment de relancer, de demander combien un joueur a pris de cartes à l'exception du donneur si on l'interroge sur le nombre de cartes qu'il a prises pour lui-même.

Art. LXII

Lorsque les relances sont terminées, des joueurs restant dans le coup, c'est au joueur qui a fait la dernière relance à montrer son jeu le premier.

Le suivant étale son jeu à la suite, si ce jeu est supérieur au précédent.

Le dernier joueur a le droit de ne montrer de son jeu que la partie gagnant les jeux précédents; mais il doit étaler *à couvert* le complément de son jeu, si un autre joueur le lui demande.

ART. LXIII

Les joueurs battus par les jeux montrés jettent leurs cartes au tapis sans les découvrir, et seulement à leur tour d'abatage.

ART. LXIV

Il est interdit à tout joueur de regarder les cartes d'écart ou les jeux jetés couverts, sous peine d'une amende d'un chip versé tout de suite à la masse du coup suivant.

ART. LXV

Si ce joueur est le nouveau donneur ou l'un des joueurs ayant pris part au coup qui vient d'être joué, la pénalité sera de quatre chips versés tout de suite à la masse du coup suivant. Cette pénalité sera doublée pour le nouveau donneur s'il a pris part au coup précédent.

ART. LXVI

Après écart, le joueur qui a dit avant écart "Je verrai si je complète" (comme il est prévu à l'article LII), doit, avant toute parole du premier à parler, annoncer s'il ne complète pas l'enjeu, ou, s'il complète, la somme qu'il met à sa masse. Cette somme ne peut être inférieure à l'unité de cave, ni supérieure à la masse du joueur qui a, à ce moment, devant lui la masse la plus forte.

ART. LXVII

On ne peut attendre l'écart fait pour aviser de son intention de compléter ou non, mais en ce cas on n'est engagé que jusqu'à concurrence de cette masse.

ART. LXVIII

La masse des mises et des relances appartient en totalité au gagnant.

ART. LXIX

S'il se présente deux jeux égaux, supérieurs à ceux des adversaires, les deux joueurs se partagent la masse des enjeux.

Aucun des joueurs ne pouvant engager les autres pour une somme supérieure à leur masse, en cas de sommes supérieures engagées par d'autres joueurs, leur total est distrait du coup et si, sur trois joueurs, le gagnant premier n'avait qu'une mise inférieure, ce complément serait versé à celui ayant gagné après lui, toujours au prorata de l'excédent de mise.

Lexique des termes d'usage

A. Initiale de l'As (*Ace*, en anglais).

Abattre. Etaler ses cartes en vue de montrer son jeu à l'adversaire qui a payé pour le voir.

Amélioration. On améliore au moment de l'écart. Mais, pour avoir le droit d'améliorer votre combinaison de départ (reçue à la première donne), vous devez payer pour avoir des cartes, c'est-à-dire blinder avant l'écart à la hauteur du chip ou de la dernière relance.

Améliorer. On améliore à l'écart (amélioration d'une combinaison).

Amende. L'ouvreur qui oublie de chiper (blinder) avant la donne doit être mis à l'amende. L'ouvreur d'un pot (libre ou imposé) qui n'a pas le minimum d'ouverture peut avoir à payer 7 fois la hauteur du pot (cette coutume déroge à la règle).

Arrosage. Action d'augmenter la masse des mises dans un pot en vue de grossir l'enjeu. Lorsque les participants au pot ont accepté la mise avec relance, le premier à parler mise et relance. Pour avoir des cartes et rester dans le pot, ses adversaires doivent égaliser la hauteur de cette relance. En d'autres termes, on "arrose" la table sous une pluie de jetons.

Blinder. Synonyme de miser.

Brelan. Combinaison formée par trois cartes de même rang.

Carré. Combinaison formée par quatre cartes de même rang.

Carte. Ce n'est pas une combinaison, mais elle peut gagner un coup lorsque les adversaires n'ont aucune combinaison dans leur jeu, après l'écart.

Cartes. En règle générale, on joue au poker avec 32 ou 52 cartes. Mais on peut jouer avec 48, 44, 40 ou 36 cartes. Toutes les cartes sont identifiées par leur recto. L'As est la carte qui a le plus de valeur. Dans le jeu de 32 cartes, la plus petite valeur est le 7. Dans celui de 52 cartes, c'est le 2.

Cave. Unité monétaire de jeu. C'est la somme minimale (20 F, par exemple) que le joueur devra engager pour participer à une partie de poker.

Chip. Minimum de la mise initiale convenue entre les joueurs. Par exemple, pour une cave de 20 F, le minimum de mise sera fixé à 50 centimes. Chip vient de l'anglais *cheap*, qui veut dire: "qui a peu de valeur".

Combinaison. Groupement ou association de 2, 3, 4 ou 5 cartes. Dans le jeu de 52 cartes, la Paire de 2 représente le bas de la hiérarchie (la plus petite combinaison). C'est la Quinte floche à l'As de cœur qui représente la combinaison la plus forte du jeu: en fait, elle est imbattable.

Contre-Bluff. Dès lors qu'un joueur s'aperçoit ou soupçonne que son adversaire a bluffé (tentative d'intoxication psychologique), il contrera ce mouvement en surenchérissant par un montant important de manière à couper ses effets au bluffeur.

Contre-relance. Synonyme de surenchère.

Couleur. Combinaison formée par cinq cartes qui ne se suivent pas, mais qui sont toutes de la même couleur.

Coup. Une partie se déroule en plusieurs coups successifs.

Couper. L'ouvreur coupe les cartes. Il n'a pas le droit de couper à moins de 4 cartes. En tout état de cause, le donneur pourra toujours refuser la main (la coupe), et proposer un pot.

D. Initiale de la Dame. La Dame domine le Valet mais elle est battue par le Roi.

Déclaration. Quand votre adversaire a payé pour voir votre jeu (en égalisant votre mise), vous lui révélez votre combinaison en étalant votre jeu sur la table, afin qu'il puisse vérifier l'exactitude de votre déclaration.

Deux paires. Synonyme de Double paire.

Distribution. Synonyme de donne. Elle est exécutée par le donneur.

Donneur. Joueur chargé de distribuer les cartes et de contrôler la régularité et l'exactitude des mises. Notamment, le donneur doit s'assurer, avant de distribuer les cartes, que l'ouvreur a blindé.

Donne. Action de distribuer les cartes. Quand un coup a été suivi par au moins deux joueurs, il y a deux donnes: une première donne (avant l'écart) et une seconde donne (après l'écart). Quand il y a eu mauvaise donne, le règlement prévoit qu'on fasse un pot.

Double Paire. Combinaison formée par l'association de deux paires. La Double paire, synonyme de deux paires, se compose d'une Paire majeure et d'une Paire mineure. Par exemple, si vous recevez deux As, deux 7 et un 8, ce qui vous donne une Double paire aux As, la Paire majeure est constituée par vos deux As, la Paire mineure par vos deux 7. Quand deux joueurs ont chacun une Double paire à la même hauteur (aux Rois, par exemple), c'est la hauteur de la Paire mineure qui les départagera.

Ecart à l'aventure. Quand le donneur vous a mal servi et que vous n'avez plus rien à perdre, vous écartez le maximum de cartes sans pouvoir cependant en rejeter plus de quatre.

Ecart de feinte. Synonyme d'écart simulé, masqué ou camouflé. Quand on a un jeu trop fort, compte tenu de la conjoncture, on peut "casser" son jeu afin de tromper l'adversaire.

Ecart forcé. Synonyme d'écart obligatoire.

Ecart masqué. Synonyme d'écart de feinte. Par exemple, alors que vous n'avez qu'une Paire servie, vous écartez deux cartes en vue de faire croire à votre rival que vous tenez un Brelan servi en main.

Ecart normal. Normalement on écarte autant de cartes qu'on veut, sans toutefois pouvoir rejeter plus de 4 cartes (maximum d'écart).

Ecart obligatoire. Quand vous avez ouvert un pot (sauf s'il s'agit d'un pot libre), vous devez obligatoirement conserver l'ouverture exigée. Si le minimum d'ouverture imposé pour ouvrir a été fixé, par exemple, à la hauteur d'une Double paire, vous n'avez pas le droit d'écarter plus d'une carte.

Entrer en jeu. Action de suivre: payer (blinder), pour avoir des cartes au moment de l'écart.

Entrer dans un pot. Rien ne vous oblige à entrer dans un pot. Vous pouvez attendre un ou plusieurs tours, jusqu'à ce que vous "sentiez" la chance vous revenir. Cependant, si vous vous décidez à y entrer, vous devez payer à la hauteur des mises antérieurement engagées par chaque joueur; c'est ce qu'on appelle "payer son droit d'entrée" dans le pot.

Etaler. Action d'étaler son jeu et de le découvrir à l'adversaire. Synonyme d'abattre ou de montrer.

"Fermé!". Dans le cadre d'un pot, tant qu'ils n'ont pas l'ouverture exigée pour ouvrir, les joueurs le font savoir à leurs adversaires en disant: "Fermé!".

Fiche. Synonyme de jeton.

Figure. Les figures proprement dites sont le Valet, la Dame et le Roi. Il y a 12 figures dans un jeu de cartes. L'As est assimilé à une figure.

Flush. Terme anglais, synonyme de "couleur". En français, on dit "floche". La Quinte floche est la plus forte combinaison du jeu.

Hauteur. Une Paire de Valets est plus haute qu'une Paire de 10. Quand deux adversaires ont chacun la même combinaison (une Double paire, par exemple), c'est celui dont la combinaison est la plus haute qui gagne. Par exemple, A est nanti d'une Double paire aux Rois et aux Valets, tandis que B est nanti d'une Double paire aux Dames et aux 10: c'est A qui gagne, car sa Double paire est plus haute que celle de A. Mais pour départager deux Doubles paires qui ont la même hauteur, c'est la hauteur de la Paire mineure qui désigne le gagnant. Par exemple, A a reçu une Double paire aux Rois et aux 10. Et B a reçu une Double paire aux Rois et aux 9. C'est A qui gagne.

J. Initiale du valet (première lettre du mot *Jack*, Valet).

Joker. De l'anglais *Joker* (*to joke* veut dire: plaisanter).
Le *Joker* est un plaisantin qui se fiche des cartes et qui vient, inopinément, bouleverser la valeur intrinsèque des combinaisons. Quand il est accepté dans une partie (nous ne vous le conseillons pas, car c'est le meilleur moyen de "fausser" la vérité du jeu), le Joker peut remplacer n'importe quelle carte, notamment celle qui vous manque pour compléter une combinaison.
Par exemple, un 10, un Valet, une Dame, un Roi et le Joker constitueront une Suite à l'As.

Joueur. Participant au jeu. Un joueur de poker doit, en toute circonstance, garder son sang-froid et s'abstenir d'avoir un comportement qui soit à la limite de l'irrégularité. Notamment, il ne doit pas sciemment faire exprès d'hésiter dans ses relances ou faire croire à ses adversaires qu'il a un jeu médiocre alors qu'il possède un bon jeu. Tenue, réserve, sérénité, impassibilité et élégance doivent être ses principales qualités. Il vaut mieux être mauvais perdant (au sens technique du terme) que mauvais joueur.

K. Initiale du Roi (première lettre du mot anglais *King* qui signifie Roi).

Main. C'est le jeu que vous recevez. En fait au poker, vous recevez deux "mains", si vous entrez dans le jeu: une main avant l'écart (les cinq premières cartes servies) et une main définitive que vous recevez après l'écart.

Maldonne. Mauvaise donne imputable au donneur. Selon la règle, après une maldonne, on fait un pot. Mais ce n'est pas obligatoire: on peut convenir de ne pas le faire systématiquement.

"Non suivi!". C'est ce qu'on dit quand on refuse d'entrer dans un jeu. On dit aussi: "Sans moi!" ou: "Je passe!".

"Ouvert!". C'est ce qu'on dit quand on possède la combinaison d'ouverture exigée pour avoir le droit d'ouvrir un pot (pot libre ou imposé).

Ouverture conventionnelle. Habituellement, dans les coups normaux, l'ouvreur est obligé de miser (chip). Mais si aucun autre joueur ne suit cette première mise, c'est l'ouvreur qui gagne et on refait une nouvelle donne. Mais, en général, quand personne n'a suivi sur un coup, on fait un pot.

Ouverture du pot. Pour ouvrir un pot, il faut, selon la règle, avoir au minimum une Paire de Valets (premier tour), une Paire de Dames (deuxième tour), et une Paire de Rois (troisième tour). On ne peut pas ouvrir avec une combinaison inférieure à la combinaison d'ouverture. Mais on peut ouvrir avec une combinaison supérieure, évidemment. Par dérogation à la règle, on peut convenir d'ouvrir avec d'autres ouvertures que celles prescrites par la règle. Enfin, dans le pot libre, on ouvre avec ce qu'on veut (y compris avec une carte).

Ouvreur. C'est le joueur qui est immédiatement assis à côté du donneur dans le sens de la donne. Si les joueurs suivent le sens de la donne réglementaire, l'ouvreur sera le premier joueur placé à la gauche du donneur. Au contraire si la donne se fait de droite à gauche, l'ouvreur sera le premier joueur à la droite du donneur.

Dans un pot, au contraire, n'importe quel participant peut ouvrir, à condition de posséder le minimum d'ouverture (Paire de Valets, par exemple) exigé pour avoir le droit d'ouvrir. Dans un coup normal (en excluant l'hypothèse du pot), c'est l'ouvreur qui est obligé de blinder avant la donne.

Paire. Combinaison formée par deux cartes de même valeur (deux 8, deux 10) ou de même rang (deux Dames, deux Rois). La Paire d'As bat toutes les autres paires.

Paquet. Ensemble des cartes à jouer.

"Parole!". Prononcé par un joueur pour marquer (paradoxalement) son silence provisoire. En effet, si un des autres joueurs parle, celui qui a prononcé "Parole!" pourra parler à son tour.

Passer la main. Refuser la donne. Le joueur qui retape la donne propose alors à ses rivaux de faire un pot dont il fixe les modalités.

Pochen. Jeu allemand pratiqué au XIXe siècle. Lointain ancêtre du poker.

Poker. Ce mot a deux sens, un sens générique et un sens particulier. Il désigne le jeu du poker lui-même et aussi le Carré. Le Poker d'As est le roi des Carrés.

Poker américain. On peut convenir (notamment dans le poker à 52 cartes) que les quatre As du jeu pourront compléter les deux extrémités d'une Suite incomplète. Si on adopte ce type de convention (qui, elle aussi, fausse la vérité et l'équilibre du jeu), un As, un 8, un 9, un 10 et un As constitueront une Suite au Valet.

Pot. De l'anglais *Jack-Pot* (le mot *Jack* signifie Valet). Le pot peut être libre ou imposé. Quand il est imposé, on fixe la hauteur minimale de l'ouverture (Paire de Valets, puis Paire de Dames, puis Paire de Rois, conformément à la règle). Mais on peut convenir d'autres ouvertures. Dans le pot libre, on peut ouvrir avec ce qu'on veut (même avec une carte).

"Pour voir!". C'est ce qu'on dit quand on paye pour voir le jeu d'un adversaire.

Quinte. Synonyme de Suite (du latin *quintus*).

Quinte floche. Combinaison formée par cinq cartes de même couleur et qui se suivent.

Relance. Synonyme de surenchère.

"Sans moi!". C'est ce qu'on dit quand on ne suit pas.

Séquence. Synonyme de Suite.

Suite royale. Synonyme de Quinte floche (*Royal Flush*).

"Suivi!". C'est ce qu'on dit quand on a décidé de suivre.

Suivre. Vous acceptez de suivre et d'entrer dans un coup en misant soit à la hauteur du chip (s'il n'y a pas de relance avant l'écart), soit à la hauteur de la dernière relance. Dans ce cas, pour signifier votre acceptation (le poker est un "contrat" de jeu), vous devez dire: "Suivi!".

Surblind. Synonyme de surenchère. Vient de l'anglais *overblind* (surblinder). Pour surblinder sur l'ouvreur initial, on double la valeur de la mise minimale (blind). Ainsi, le surblindeur achète le droit de parler le dernier, conformément à l'orthodoxie du règlement.
Mais, en France notamment, le dernier enchérisseur parle le premier après l'écart.

Table. Ensemble des participants y compris les meubles (tables, chaises) et les mises.

Tapis. Somme à la disposition d'un joueur qui se trouve devant lui sur le tapis, d'où l'expression. Lorsqu'un joueur dit: "Tapis!", il entend marquer qu'il ne surenchérit pas au-delà de son tapis. Ceci est compréhensible dans la mesure où un joueur ne peut pas se recaver pendant la durée d'un coup, mais seulement au début et entre les donnes (sauf accord préalable ou unanime).

"Temps pour moi!". On demande le temps, dans un coup "difficile".

Tierce. Synonyme du Brelan (terme rarement employé).

Tour. Il faut distinguer les tours de cartes et les coups de cartes. Il y a "tour de cartes" quand personne n'a suivi l'ouvreur et qu'on redonne. Il y a "coup de cartes" quand un joueur au moins a suivi l'ouvreur en égalisant sa mise ou sa relance.

Table des matières

*Achevé d'imprimer
en avril 1987
à Milan, Italie, sur les presses de
Lito 3 Arti Grafiche s.r.l.*

*Dépôt légal: avril 1987
Numéro d'éditeur: 1602*